JN041263

認知症の人も
いっしょにできる

高齢者
レクリエーション

医療法人中村会　介護老人保健施設あさひな
認知症介護レクリエーション実践研究会
尾渡順子 著

講談社

※施設内で感染症対策を行う際は施設の方針に従って下さい．集団で行う際は少人数で，2ｍの間隔を
あけ並んで行う，道具の清掃を行う，体操やクイズをメインで行う等，工夫をして下さい．また，口腔
レク（吹くゲーム）はうちわであおぐようにして下さい．

装丁　安田あたる
イラスト　かたおか朋子

まえがき
笑顔をもっと増やしたくて

　私は，2002 年に介護福祉士を取得してから 18 年間，介護現場に身を置きながら，レクリエーション担当の仕事をしてまいりました．

　2014 年から 2017 年の間，夫の仕事の都合で渡米し，オレゴン州ポートランドのコミュニティカレッジでアクティビティディレクターの勉強をする機会に恵まれましたが，授業を聴いていて驚いたのが，授業の 3 分の 1 は「認知症」の勉強だったのです．

　人は老いれば，どんどん障がいを持つようになります．個人差はありますが，視力や聴力が衰え，動作が鈍くなり，物忘れも年相応に起こり，できないことも増えてきます．「認知症の人に優しいレクリエーション」を考えることは，同時に「高齢者に優しいレクリエーション」を考えることにつながるのです．

　まさにアクティビティディレクター履修科目は「高齢者全般に優しいアクティビティ」をプランニングする授業でした．

　アメリカでもオレゴン州のようにいくつかの州は，特養や老健のような長期ケア施設には「アクティビティディレクター」を配置することを義務付けています．日本で言うところの「レクリエーション担当」なのですが，業務の内容は広く深く，日本の相談員やケアマネのように利用者 1 人ひとりにアクティビティのケアプランを作成しモニタリングを繰り返し，「人生の終末まで心豊かに楽しく過ごせる」よう奔走している職種でした．

　日本のような介護保険制度が整っていないアメリカですから，介護施設に入るために家財を売り払って入所する人も多く，施設側も競争に負けじとサービスを徹底していました．

　アメリカのレクリエーション（アクティビティ）は「施設のセールスポイント」そのものなのでしょう．

　施設におけるレクリエーションは，今後，多様化していくことでしょう．20 年後には，いやもしかしたらもっと早く，利用者がスマホやタブレットを片手にコミュニケーションや趣味を楽しむようになるのかもしれません．AI（ロボット）が認知症のある人の人生歴をおぼえ，その人がいる時代に一緒に戻り，上手にコミュニケーションを取ってくれるかもしれません．

　しかし，私が 18 年間，日本の介護現場で，集団レクリエーションを通じてご利用者から見せていただいたのは，

「生身の人間同士が，触れ合い，笑い，時に涙し，励まし，苦境を乗り越え，成長していく姿」

でした.

　いろいろなご利用者の顔が目に浮かびます.

　桜の散るのを見ながら「私もこんな風にきれいなまま散ってしまいたかった」と片麻痺の手を健側で叩きながら車いすの上で泣いた A 子さん，その後，実習生とゲームで笑い転げていたっけ.

「俺を山の中に捨ててくれ．あんたには絶対に迷惑をかけない」と懇願した B 男さん．レクの後に「楽しかった．あんたはまるで私の娘みたいだ」と笑ってくれました.

　卓球が得意だった C 子さん．重度の認知症の人を見て「私もあんな風になっちゃうのかな」と寂しそうにつぶやいていました.

　認知症だから何もわからなくていいわね，という人がいますが，私は認知症で苦しみ，悩み，涙をこぼす姿をたくさん見てきました.

　レクリエーションは機能訓練ではありませんから，エビデンスを求める人はいません.

　でも「意味」があることは確かです.

　不安や絶望にさいなまれる認知症のご利用者が，一日のたったひと時，みんなの笑顔に囲まれ，自分を表現し，笑い合える時間を持てれば，どんなに勇気を持っていただけるでしょう．前向きになっていただけるでしょう．内容は何でも良いのです.

「一人じゃないと思える時間」は何にも増して安心感を与えてくれるものだと思います.

「役に立っている，ありのままでいられる，そんな思いを抱ける『居場所』があること」は，何にも増して幸せを感じさせてくれるものなのだと思います.

　認知症のある人のケアはとても難しいと思います．そして，とても意味のある，やりがいのある仕事だと思います．特に，表現ができなくなった重度の認知症の人にとっては，私たちのケアがその人達の終末を左右すると言っても過言ではないと思います.

　生活の中にもレクリエーションは混在しています．あたたかく美味しいご飯を用意してくれる職員，お風呂で体をきれいに洗ってくれる職員，トイレを手伝ってくれる職員，皆さんの笑顔や優しい声が，ご利用者を笑顔にするのだと思います.

　その笑顔をレクの時間でもっと増やしてみましょう.

　本書がお役に立ちますように.

　最後に，本書の製作にあたりご協力いただいた，認知症介護レクリエーション実践研究会の皆様，作業療法士の櫻井利純様，講談社の皆様に心より厚く御礼申し上げます.

尾渡順子

第1章　身体を動かす

第2章　生活動作＆昔馴染み

第3章 競わないレク

第4章 テーブルゲーム

第5章 音楽，体操

第6章 重度，体操

介護職がしっておきたい
認知症の基礎知識

■ はじめに

　元来，人間の知能が発達したのは，外敵や自然の脅威から身を守るために集団生活をおこない，コミュニケーションを取りながら協力してきたからと言われます.

　人は人と関わり合いながら生きていくことで自分の存在価値を高め，社会を構成する一人として，大切な人生を積み上げてきたわけです.

　この本を読んでいるあなたは高齢者施設の職員さんでしょうか.

　高齢者施設には認知症を抱えた利用者さんがたくさん生活をしています.

　できないことが増えて自信を失い，自分の殻に閉じこもっている方をたくさん見てきていることでしょう.

　認知症は「最初から何もできない」わけではないのです.

　レクリエーションは魔法のコミュニケーション法です. 認知症のある利用者さんを元気に，そしてご本人の存在価値を高めることができます.

　レクの本題に入る前に，この章では，認知症とは一体何なのか，どこにどんな障害を持ち，何ができなくなるのか，そして何ができるのか書かれています.

　さあ一緒に学んでみましょう.

■ 認知症とは

　認知症とは，「一度獲得された知的機能が，後天的な脳の機能障害によって全般的 に低下し，社会生活や日常生活に支障をきたすようになった状態で，それが意識障害のないときにみられる」と定義されます[1].

生まれつきの障害ではないと言うことだニャ. 多くは加齢によって認知症になるらしいニャ. 学校の先生や看護師，大統領や首相など，社会で大活躍した人も認知症になっているニャ.

■ 認知症の種類と割合

　認知症を引き起こす原因は多様で，その発症の過程により「アルツハイマー型認知症」「脳血管性認知症」「レビー小体型認知症」などの種類に分類されます．以下にその割合を示します．

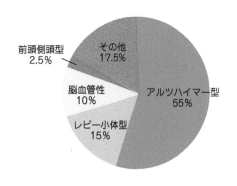

昔は認知症と言うと，「アルツハイマー型」と「脳血管性」しか知らなかったけれど，今は「レビー小体型認知症」が2番目に多くなったのね．

■ 認知症の種類と特徴的な症状

疾患	特徴的な症状	例
脳血管性認知症	脳血管障害部位に応じた症状が起こる． ★実行機能障害，抑うつ，無関心，感情失禁，運動機能障害（嚥下障害，歩行障害，失語，片麻痺）． ★手がかり再生[注1]や再認[注2]が比較的保たれる（ヒントがあれば思い出せる）．	悲しくないのに涙が出てくる（感情失禁）
アルツハイマー型認知症	記憶障害，時間の見当識障害，判断力の低下から始まる． ★実行機能障害，近時記憶障害，見当識障害，注意障害，失行・失認・失語，物盗られ妄想，徘徊． ★運動機能や感覚機能は特異的に保持．	迷子になってしまう（徘徊）
レビー小体型認知症	レム睡眠行動障害，幻視，抑うつ，自律神経症状から始まる． ★認知機能の変動，幻視，幻聴，パーキンソニズム，レム睡眠行動障害，重度の抗精神病薬への過敏性，転倒，失神，自律神経症状． ★記憶障害は目立たない．	ネズミがたくさん見える（幻視）
前頭側頭型認知症	社会的逸脱行為，常同行動などから始まる． ★性格の変化，脱抑制，常同行動，易刺激性，共感欠如，意欲喪失，言語障害，過食，嗜好の変化． ★記憶障害は目立たない．	「本が読みたい，この本は私のものだ！」（脱抑制）

[注1] 再生とは，聞かせた単語リストなどを思い出して言ってもらう，見せた図形を思い出して描いてもらうという反応方法である．この際，なんらかの「手がかり」を与える場合もある．
[注2] 再認とは，提示した刺激を提示していないものと混ぜた選択肢の中から選んでもらう方法である．[2]

■ 診断基準

1. 米国精神医学会　DSM-5（2013）
2. 米国国立老化研究所/アルツハイマー病協会 NIA-AA（2011）
3. WHO の ICD-10（1993）

DSM-5（米国精神医学会）の診断基準

A. 1つ以上の認知領域（複雑性注意，遂行機能，学習性および記憶，言語，知覚―運動，社会的認知）において，以前の行為水準から有意な認知の低下があるという証拠が以下に基づいている：
　（1）本人，本人をよく知る情報提供者，または臨床家による，有意な認知機能の低下があったという概念，および
　（2）可能であれば標準化された神経心理学的検査に記録された，それがなければ他の定量化された臨床的評価によって実証された認知行為の障害
B. 毎日の活動において，認知欠損が自立を阻害する（すなわち，最低限，請求書を支払う，内服薬を管理するなどの複雑な手段的日常生活動作に援助を必要とする）．
C. その認知欠損は，せん妄の状況でのみ起こるものではない．
D. その認知欠損は，他の精神疾患によってうまく説明されない（例：うつ病，統合失調症）．

■ 診断プロセス

1. 問診
　　➡病歴や心身の不調，暮らしの変化などを医師から聞かれる．
2. 神経心理検査（認知機能検査）　　長谷川式簡易知能評価スケール（改訂版）など
　　➡質問で記憶や見当識など認知機能の状態をはかる．
3. 画像検査　　CT，MRI，PET，SPECT など
　　➡脳の実際の形（萎縮など）病変の有無などを調べる．
4. 一般臨床検査　　血液検査，検尿，検便など
　　➡身体疾患や感染症等が認知症の原因になっていないか調べる．
5. 身体所見
　　➡医師が身体に触れたり音を聴いたり五感を用いて異常の有無を調べる．

画像検査では，脳の萎縮や進行度合いだけでなく，正常圧水頭症や慢性硬膜下血種など，治せる可能性のある認知症を見つけることもできるんだニャ．

■ ３つの関わり

　認知症の人の生活を守るためには，以下ような，「薬物療法」「非薬物療法」「ケア」の３つの関わりが必要です．

薬物療法
●認知症の症状を軽減する
●認知症の進行を抑制する

非薬物療法
●脳を活性化させる
●残っている認知能力や生活能力を活性化する
●生きていることを実感させる

ケア
●心のケア　本人のペースに合わせた安心できる生活作り
●体のケア　歩行・食事・入浴・排泄等の日常生活動作に対する介助
●なじみの関係、居場所作り
●状態変化を見逃さない　など

■ 薬物療法

　認知症の中核症状である，記憶障害，失語，失行，失認，実行機能障害等には薬物療法（アセチルコリンエステラーゼ阻害剤）が有効と言われています．症状の劇的な改善は難しいですが，進行抑制の役割は重要です．認知症の BPSD（周辺症状）である，妄想，不安，焦燥感等の多くにはケアや環境を整えることで対応できますが，薬物療法も期待できます．

抗認知症の代表的薬物療法 [3]

	認知症に対する効果の報告	主な副作用
アリセプト	抑うつ，アパシー（無気力）不安，で改善	食欲不振，悪心，嘔吐・下痢などの消化器症状，高度徐脈，心ブロックなど循環器症状
レミニール	脱抑制，異常行動，興奮／攻撃性，で改善	食欲不振，悪心，嘔吐・下痢などの消化器症状，高度徐脈，心ブロックなど循環器症状
イクセロンリバスタッチ	75 歳以下で，アパシー（無気力），不安，脱抑制，食欲低下／食行動異常，夜間異常行動に対して改善傾向	接触性皮膚炎，食欲不振，悪心，嘔吐・下痢などの消化器症状，高度徐脈，心ブロックなど循環器症状
メマリー	興奮／攻撃性，易刺激性／不安定，妄想，幻覚に改善	めまい，便秘，体重減少，頭痛など，腎機能障害

■ 非薬物療法（レクリエーション療法）

　非薬物療法とは，薬を使わずに，活動や運動を通して脳を活性化し，残っている認知能力や生活能力を高める治療法です．回想法，運動療法，音楽療法などがありますが，その一つにレクリエーション療法があります．

　認知症が進むと周りが「何もしないでもよい」状況を作ってしまいがちです．何もすることがなくなると，認知機能はさらに低下していきます．そこで，集団でレクリエーションを行うことで，役割や出番を作り出し，各人の存在感を再確認してもらうことにより，認知症の症状を軽減し，進行を遅らせようとするのが，レクリエーション療法です．

　レクリエーションでは，昔の思い出や興味関心のあること，得意だったことなどを題材に取り上げるので，たのしく取り組むことができます．いつもなら長時間座ることができない方でも，集中してレクリエーションに参加できるようになります．

　さらに，グループで活動するため，他の参加者とのコミュニケーションをとりながら，事を成し遂げたときの達成感や満足感が肯定的感情につながり，精神的な安定をもたらします．

■ 記憶の分類

　記憶には，短期（即時）記憶と長期（遠隔）記憶があり，さらに，エピソード（出来事）記憶，意味記憶，手続き記憶に分類されます．長期記憶は短期記憶よりも忘れにくいという特徴があります．

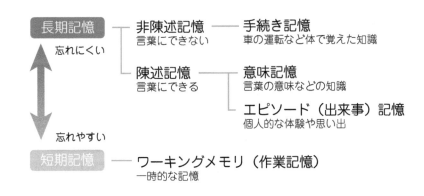

今食べたご飯のことは忘れるけど，昔学校で覚えたことわざとかはよく覚えてるんだニャー．だからレクのときにイキイキとクイズに答えているんだニャ．

■ 認知症の症状

　認知症の症状は，中核症状と周辺症状（BPSD）に分かれます．

①中核症状とは，脳の器質的変化によって現れる症状です．
②周辺症状（BPSD=Behavioral and Psychological Symptoms of Dementia，認
知症の行動・心理症状）は，中核症状＋環境要因，身体要因，心理要因などの相互作用に
よって出てくる行動・心理症状です．認知症のある人の不安や混乱の現れとも言われてい
ます．行動に目が向かいがちですが，まず「その人の行動症状・心理症状の背景になにが
あるのか」を見るようにします．

■ 中核症状の具体例

記憶障害：最近の記憶や出来事，行動を忘れる．
　　　　　例：（食後に）「なぜ私だけご飯がないの？」
見当識障害：今（時間），ここ（場所），私（人物）がわからない．
　　　　　　例：「子供が小学校から帰ってきて心配しているわ」
実行機能障害：段取りや計画が立てられない．　　例：「味噌汁ってどう作るんだっけ」
判断力の障害：物事を理解したり適切に判断したりすることができない．
　　　　　　　例：「壺が100万円だったら3つくらいなら買ってもいいかな」
失認：品物が何かわからない．　　例：「イス？どうやって使うの？」
失語：物や人の名前が出てこない言葉が理解できない．　　例：「イス？イヌ？イズ？」
失行：服の着方や道具の使い方がわからない．　　例：「ズボンは頭からかぶるのね？」

中核症状は脳の変化で起こる症状
だけれど，BPSDは環境を整えた
り適切な対応を取ることで改善さ
れることもあるんだニャ．

■ 行動・心理症状の背景に何があるのか…[4]

音・光・味・におい，寒暖等の五感への刺激や苦痛を与えていそうな環境

病気の影響や飲んでいる薬の副作用

身体的痛み，便秘・不眠・空腹などの不調による影響

住まい・器具・物品等の物的環境により生じる居心地の悪さや影響

周辺症状（BPSD）

悲しみ・怒り・寂しさなどの精神的な苦痛や性格等の心理的的背景

要望・障害程度・能力の発揮と，アクティビティ（活動）とのズレ

生活歴・習慣・なじみのある暮らし方と，現状とのズレ

家族や援助者など周囲の人の関わり方や態度による影響

なぜ認知症を学ぶのかわかってきたわ！
中核症状を理解することで，その人の真意がわかってくるのネ！
「もし，世界がこういう風に変わってしまったらどんな風に感じるだろう，きっと怖いだろうな，家に帰りたくなるだろうな，周りが知らない人ばかりだと心細くなるだろうな」って．そんなときはレクどころじゃなくなるわね．まずは安心できる声掛けで信頼関係を築かなくちゃ．そして，BPSDの行動に背景にある「何か」を探ることも大切なのネ．

悲しみや怒り，寂しさなどでつらい思いをしている人や，何もすることがなくてボーっとしている人の話を聞いてあげたいニャ．
一緒に体をうごかしたり楽しくゲームができたらいいニャー．

1)「認知症疾患診療ガイドライン」日本神経学会監修，作成委員会編集，医学書院，2017.
2)「高次脳機能障害学 第2版」石合純夫著，医歯薬出版，2012.
3)「根拠に基づいた認知症のリハビリテーション介入」
4) 社会福祉法人 浴風会 認知症介護研究・研修東京センター　ひもとき手帳を参考に作成

介護職がしっておきたい 集団レクの基礎知識

■ 集団レクいろいろなタイプのレク① 3種類のレク

　本書は集団レクリエーションゲームを中心に「人と関わる楽しさ」を提示していますが，皆さんも，「1人で楽しみたいこと」はありますよね．例えば「誰にも邪魔されず本を読みたい」とか「1人で編み物に夢中になっている時間は幸せ」とか．

　人の楽しみっていろいろな形があるのですよね．

> 1人で没頭できる楽しみ
> 「私が，して，楽しい」
> 読書，音楽鑑賞，裁縫など

> 複数で協力する，競い合う，楽しみ
> 「あなたと，（みんなと）一緒にするから楽しい」
> 集団レク，製作レク，スポーツなど

> 第三者から認められる楽しみ
> 「他の誰かに褒められてうれしい」
> 展覧会出展，合唱コンクール出場など

■ 集団レクいろいろなタイプのレク② 継続するレク

　本書は単発の30分ほどで完結するレクゲームを紹介していますが，好きなことでグループを作り，役割を持ち，みんなで目標を立てて，できることを無理なく継続し，ゴールに向かうことも，とても大切なレクリエーションに位置付けられます．例えば下のようなカレンダーを作り年間の継続レクリエーション計画を立ててみるのはいかがでしょう．

部活動	春	夏	秋	冬
合唱部	春の歌を練習	夏の歌を楽器で練習	幼稚園との交流会で秋の歌を披露	クリスマス会で1年間練習した曲を発表
写真部	春の花見の写真撮影	夏の納涼祭の写真撮影	幼稚園児との交流会の写真撮影	撮った写真で来年のカレンダーを作成
料理部	桜餅を作りふるまう	納涼祭でやきそばを作る	幼稚園児との交流会で焼き芋を焼くいてふるまう	クリスマス会でサンドイッチをふるまう

集団レクリエーションは魅力がいっぱい！
心が動く！身体が動く！頭が動く！の三拍子が揃っている

心が動くその理由は？

とにかく楽しい！

- ●ボールが転げただけで大笑い
- ●ハプニングに大興奮
- ●知らず知らずにしゃべっている
- ●感情を出せる，自分らしさを出せる
- ●ストレスが発散できる
- ●好きなことに集中できる（BPSD 軽減の可能性も？）

承認欲求が充たされる！

- ●自分の名前を呼んでもらえる
- ●役割が持てる
- ●自分にもできる！と自信を持つ
- ●自分にもわかる！と自信を持つ
- ●ほめられて自信を持つ

仲間ができる！

- ●周囲と関わりたいという気持ちを実現する
- ●他者と関わる機会を作り孤独感を解消する
- ●ゲーム等を通しチームの一体感連帯感を作る
- ●同じ世代の人と思い出を共有できる
- ●馴染みの時間，場所，人間関係を作る

安心できる！

- ●試験でも訓練でもないから失敗しても笑い飛ばせる
- ●ゲームに偶然性を持たせると能力差を暴かない
- ●適当にやって勝てるゲームなら誰でも勝者になれる

高揚感を感じさせ意欲を向上させる！

- ●競い合うことで高揚感が得られる
- ●知的好奇心がくすぐられ高揚感が得られる
- ●スポットライトを浴び適度な緊張感と社会性を保つ
- ●負けたくない！という意欲を生み出す
- ●次こそは！という継続意欲を生み出す
- ●もっと身体や頭を動かさなくちゃと生活を見直せる
- ●自分で決め自分で選ぶ機会を作れる

どんな効果が期待できる？

体調がよくなる！

- ●身体（脳）の血流がよくなる
- ●免疫を高める
- ●筋力低下を防ぐ
- ●精神が安定する（BPSD 軽減の可能性も？）

病気を予防する

- ●便秘を予防する
- ●生活習慣病を予防する
- ●うつ病を予防する

生活のリズムを作る

- ●適度な活動量と疲労感が安眠につながる
- ●適度な活動量と疲労感が食欲につながる

生活動作に結びつく

- ●ゲームで体を動かすことが日常生活で必要な基本動作に結びつく
  - ➡座位保持
  - ➡立ち上がり　など

レクは頭も動かす！

- ●自分以外の誰かを意識することで脳が活性化する
- ●笑うことが脳の血流をよくする
- ●学習することで新たな技術を習得する
- ●会話をすることが脳の活性化を促す
- ●考え，計画を立てることが脳を活性化する
- ●季節感のある話やゲームの中で見当識を促す
- ●会話する頻度が増えて言語能力が維持できる
- ●生活動作を忘れないことが日常生活を守る
- ●同時に何かをすることで脳の活性化を図る
- ●ゲームを覚えながら何かをすることで脳の活性化をはかる

認知症のある人とのコミュニケーションのコツは？

話し方に気を付けよう！

- 簡単な言葉
- 短い文章
- メッセージは1つだけ
- 失語の方には Yes,No で答えられる質問を
- 優しく落ち着いた声で低くゆっくり話す
- 伝わらなければ言い換えてみる（トイレ➡ご不浄）
- あいまいな言葉は使わない（少し待っていてね，ではなく，3分待っていてくださいね）

聞き方に気をつけよう！

- 否定をしない
- 共感をする
- 片手間に聞くのは NG. 丁寧に話を聞く
- 会話が成り立たず意味のない言葉を並べても，相手の言葉を繰り返し受け入れる
- 話を聴きながらその人の人生歴や家族から得た情報等を重ね，何を言いたいのか推察する
- どうしても意思の疎通がはかれない場合は，家族に意思疎通のはかり方を聞いたり職員どうしで「うまく行った対応」の情報を共有する

驚かせないために

- 遠くから呼ばれても気付かないことが多い．視界に入り相手が自分を認めてから声を掛けて近づく
- 触られるのが嫌いな人もいるので気を付ける
- 体に触れる場合は肩や背中だと安心
- 移動，特に車いすを動かす時は，必ず目的を告げ了承を得る．「動きますよ」の声掛けから
- 幻視が見えている時は否定をせず「何が見えているのか」「何を怖がっているのか」話を聞き，原因を取り除く（場所を移動する等）

態度を見直そう！

- とにかく笑顔．イライラは相手にうつります
- 子ども扱いをしない．ちゃん付けをしない
- 待つ．相手は話を聞いて理解するまで時間がかかる
- 目線を合わせる（上から見下ろさない）
- ジェスチャー（身振り手振り）を使う

不穏なときは……

- 不安そうにしている時は「どうしましたか？」と聞く．（もぞもぞしている時はトイレかも？）
- 何かにこだわるようであれば目先を変えて話題を転換するのも有効
- 感情が高ぶっている時は対応をする人を変えたり場所を変えてみる
- とりあえず散歩をしながら話を聞くうちに落ち着くことも
- 自分の置かれている状況がわからず不穏になっている時は，記憶を正すのも時には良い（食べていませんか？鮭でしたよ➡そうだったわ）
- 情報が多くて混乱する人の場合は，今日はもう暗いから明日帰りましょう，など短い言葉で納得していただけることも

信頼関係を築くために

- 約束をしたら必ず守る．守れないようなら理由を言う（おぼえていた場合不信感を持たれます）
- 家族の名前を出したり昔話をすることにより「この人は私を知っている人だ」と安心感を与える

理性や感情に障害が出ても

- 認知症の症状で人格が以下のように変化する人がいますが，病気の特徴と捉え，叱ったりとがめたりしないこと
- ・怒りっぽくなる
- ・感情が平板化する
- ・その場の空気や人の気持ちが読めなくなる
- ・落ち着きがなくなる
- ・場にそぐわない言動をする

 **お悩み解決！**

 認知症のある人がゲームに参加しても，ルールがわからないようで困っています．

 決して無視をしたり困った顔を見せないでください．あくまで笑顔が原則．まず，
職員が手本を示してください．「百聞は一見にしかず．」見ればわかる時もあります．
どうしてもルールが理解できない場合は、職員が補助をしながら行いましょう。

 認知症のある人が「一人じゃ出来ない」と困っています．どうしたらいいですか？

 一緒におこないましょう．最初だけちょっと手伝うと自分でできるようになる時が
あります．

 **認知症のある人がゲームに参加しても段取りがわからない時があります．どうしたら
いいですか？**

 一つ一つ工程ごとに声掛けをしてください．途中はどうでもいいんです．最終的に
（ボールを投げられた等）やり遂げたら拍手をしましょう．
また，ルールを説明しても聞こえていないことが多いです．要するに，認知症が原
因ではなく，難聴が原因で理解できないことが多いのです．
ルールや段取りのわからないゲームほどつまらないものはありません．
簡単でわかりやすい説明をしっかり行いましょう．

 失敗ばかりでおろおろしています．

認知症で「できないこと」「わからないこと」が増えているのに，レクで自信を失わ
せるのは本末転倒です．「できるゲーム，わかるクイズ」を提供するようにしましょう．

 **認知症のある人が「自分のものだ」と道具を取り上げてしまいました．どうしたら良
いでしょう．**

 決して取り上げることはしないでください．レク道具であれば，他のもので代用し
てください．少し時間を置いて興味がなくなったり席を立った時にそっともとに戻
します．
「自分のものだ」という気持ちがとても強いので，無理に取りあげることはせず，
「ちょっと貸してくださいね」「いつもＡさんにお借りしてみんなが楽しんでいるの．
ありがとうね」などと言葉をかけると渡してくれることもあります．

事故を起こさないように気を付けることはありますか？

基本的に，対象者の身体機能・認知機能を出来るだけ把握し，危険な行動とならないよう，医療リハビリ職等と連携しながらおこなうようにしましょう．ゲームは原則的に座っておこないますが，「立っておこないたい」という人もいます．必ず職員がつくようにしましょう．左半側無視など左側が見えていなかったり，空間認識に障害のある人が座り損ねてイスから転落する場合があります．気を付けてください．収集癖のある人が道具を衣服の中に入れてしまうことがあります．必ず最初に使う道具の数を数え回収しましょう（運動会のはちまきで首をしめる，食べ物と間違って食べてしまう等の事故は怖いです）．始まる前に，車いすのブレーキがかかっているか，足は地面についているか確認しましょう．

 **認知症のある人がゲームの途中で「家に帰る」と歩き始めました．どうしたら良いでしょう．**

行動制限はしないでください．職員が一緒について歩きましょう．認知症のある人は集中力が持続せず，また「遊んでいる場合じゃない」と帰宅願望を突然思い出したりします．まずは「どうしたいのか」「どうして帰りたいのか」他の職員が話をじっくり聞いてください．「まだ夕飯まで時間があるから，ちょっと遊んでいきましょうよ」の言葉に「それじゃあもうちょっと遊んでいくか」と気持ちが変わることもありますよ．

 ゲームの途中で「ずるい，ずるい」と言う人がいます．どうしたら良いでしょう．

ゲームの前に，いつも「ずるい，ずるい」と言う人に，「Aさんはゲームが上手ですよね，運動神経が抜群なんですよね．今日は他の人に花を持たせて差し上げませんか？ いつも負けてばかりの人が気の毒ですから」と話し，リーダー的存在であることを強調してみてください．何のお手伝いでもいいです．レク以外にもお手伝いをお願いして名実共にリーダーになっていただきましょう．

 クイズを出すと全部一番最初に答えてしまいます．みんなうんざりしています．どうしたら良いですか？

物知りさんですが空気の読めない人がいます．そういう場合は，その方を出題者にしてみたらいかがでしょうか．あるいは，コメンテーターとして，答えは言わない．誰も答えられなかったら答えを言っていただき，解説をしていただく，という手もあります．

ボールを投げてください，と言ってもボールを投げてくれません．どうしたら良いでしょう．

認知症の失行で，ボールを投げられなくなる人は多いです．
最初は近くに立ち，投げるのではなく渡すようにお願いをして，「次はこの箱に」のように距離を離します．最初はできなくても，何度か一緒におこなうことでできるようになることもあります．

  性格が暗くて，誘いづらい人がいます．いつも誘わないけどいいのかな．

実は「周囲と関わりたい」「コミュニケーションが取りたい」と思っている人はかなりいるのです．「参加しない」といつも返事をするけれど「誘われないのは寂しい」と感じる人もいるものです．「次は出てね」「この次は待っているからね」「調子よくなったら来てね」等，声を掛けましょう．

  男性が参加をしてくれません．どうしたら良いでしょう？

認知症の有無に関係なく，男性はレクを「ちーちーぱっぱ」と言って嫌うことが多いです．無理強いは禁物ですので，無理に誘わないようにします．他に楽しみがあれば特に誘う必要はないでしょう．ただし，誘われると断るのに誘われないと拗ねる人もいます．本当は主役になりたい，そんな風に思っている人もいるようです．
こんな方法を試してみましょう．
①動機付けを行います．ゲームの目的や楽しさを伝えることで「じゃあ参加してみるか」と乗ってくる場合があります．
②普段から名前をたくさん呼びましょう．「今日，歴史クイズをやるんですが，〇〇さん，歴史はお得意でしたよね」「〇〇さん，昔，野球やっていたんですよね？今日，ボール投げやるんです」頼りになる〇〇さんと誘うようにしましょう．
③男性は「働く」「学ぶ」「遊ぶ」を兼ね揃えたような知的なアクティビティを好むと言われています．また囲碁，将棋のように頭を使うレクができるようならそれもお勧めです．
④一度は主役になれるよう，話題を振りましょう．教える立場になると一層張り切ります．

重度認知症のある人へのレクリエーション

●医療職の許可が出れば，朝，散歩に行きましょう．朝の日光を浴びて生活のリズムを作りましょう．
●外の空気を吸ってみんなの笑い声に囲まれている自分を感じていただきましょう．
●うるさくない音や人の気配など，生活音が聴こえる環境は大事です．孤独感を感じさせないよう工夫しましょう．

重度認知症のある人に選択肢を！
●認知症が重度になると，管理されることが多くなり，意思決定や選択の機会が少なくなってきます．日常のささいな場面でかまいません．「大きいボールにしますか？小さいのがいい？」「ピンクのセーターと黄色のカーディガン，どちら？」など，指をさして頂くだけでもOK．選んで頂く回数を増やしましょう．

認知症のレクゲーム，こんな所に工夫して！①

1.　バリエーションを考えよう

難しいゲームを避けて展開のない単純なゲームを続けていると，集中力の続かないご利用者は飽きてしまうかもしれません．1巡目は足で蹴る，2巡目は手で転がす，3巡目はボールの大きさを変えるなど，やり方やボールの種類を変えることでバリエーションを広げ，飽きさせないように工夫します．

2.　レクゲームを間延びさせない

レクゲームの時間が長いと認知症のある人は飽きて歩き始めたり，疲れて寝てしまうこともあります．他に何かしたいことがあるのか，体調が悪いのかを確認して，もし「ただ飽きているだけ」ならゲーム進行にも工夫が必要です．
（ボーリングの例）

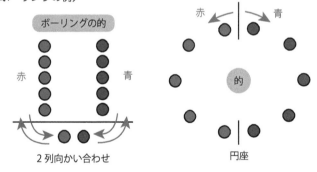

2列向かい合わせの2チーム対抗にすると，参加者をスタート地点に何度も何度も並び変える必要がありますが，円座で的を真ん中に持ってくると，移動の必要がなく，スムーズに進行します．

3.　質問は具体的に

「小学生の頃，何が好きでした？」　✕
「小学生の頃，運動会でかけっこをしましたか？」　○

4.　クイズは団体戦で

クイズは個人で当てるのではなく，2チーム対抗で誰が答えても良いルールにする．
「間違って恥をかいた」「わからなくてバカだと思われたかも」などと切ない思いをさせないように気をつけましょう．

認知症のレクゲーム，こんな所に工夫して！②

ひと目でやることがわかる
簡単なイラスト

みなさん，
こんにちは！

ボールを棒で打って
ゴールに入れろ！ゲーム

赤組
得点

青組
得点

簡単でわかりやすい
タイトル

忘れても「やること」を
いつでも見ることができる

対面でゲームをすれば
前の人のやることを真似
すれば良いので安心

必ずアシスタントの
職員がつく

あっ危ない

派手な色の
大きいボール

チームカラー画用紙
自分が何チームか忘れても
足元を見て思い出す

チームカラーで矢印
どちらに打てばいいか
忘れても見て思い出す

ボールを使い分けよう

ゴムボール

テニスボール

ピンポン玉

●ボールの速度を速くする
●非力でも遠くへ転がす
●的に当てて倒す
●バウンドさせる

少し空気を抜いた
ビーチボール

20cm 15cm 布袋にお米や豆などを
入れて口を縫って作った
ビーンズバッグ

お手玉

●ボールの速度を遅くする
●的の上に乗せたい
●つかみやすい

空き缶

新聞紙玉

セロファン玉
（口腔ゲーム用）

●投げたり蹴ったり吹いたり，
いろいろなものが使えます

古池や蛙飛び込めゲーム

認知症の人への配慮：簡単でわかりやすい，どんでん返しがあり盛り上がる，順番がすぐ回ってくる

導入例

皆さん，「古池や蛙飛び込む水の音」という俳句をご存知ですか？　松尾芭蕉が詠んだ俳句ですね．春が近づいてきました．今日はカエルちゃんを蹴っ飛ばして古池に飛び込ませるゲームを行います．さてカエルちゃんは無事に池に入るでしょうか．

事前の準備

- 空き缶に，赤，青の色紙を貼り，カエルのイラストをさらに貼る．
- 参加者は円座になる．
- 中央にひもで2重円を作る（養生テープで床に貼り付ける）．中心の円が10点，外が1点．
- 1人1本ずつ自分の色の缶を渡す（2巡目にもう1本渡す）．
- ゲーム開始前に手本を示す．

準備物

- ひもを2本（人数に応じて直径を変える）
- 養生テープ（床に貼り付ける）
- 空き缶（赤と青を人数分×2）

バリエーション　お手玉3つ

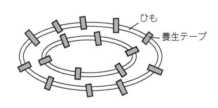

注意

- 空き缶は立てて蹴った方が入りやすい．
- 途中で缶が足りなくなれば外に出た缶を使う．
- 邪魔な時は取り除く．
- 下肢に疾患のある人は医療・リハビリ職に相談．
- 座位不安定の人は転落に注意．

蹴って（投げて）缶を中に入れるという単純さ．でも相手の缶を追い出したり，間違って入れちゃったり，キャーキャーと歓声の上がるゲームです！

期待される効果

- 下肢の運動
- 足と目の協調
- 座位バランスの向上
- 集中力の向上
- チームワークを感じる
- ストレス発散
- 簡単な計算をする

時間：20分～30分
場所：フロア
人数：12人～20人
隊形：円座

進行

1. 参加者の1人が空き缶を古池の中に入るよう蹴り上げる．入れば拍手．
2. 赤青交互に全員が終わるまで行う．
3. 1周終わったら，途中経過を発表し（みんなで計算をする）2周目を行う．
4. 2周終わったら，最終結果を発表する（入った缶の点数を合計する）．
5. 2回戦目は，缶を手で投げて行う（2周）．

バリエーション

1. 古池（外円）の外側に缶を人数分立てて並べる（円は一重とする）．
2. 1人1人，お手玉を投げてカエルに当て古池に入れる．
3. 1人3回投げ，赤青交互に行う．
4. 1周終わったら古池に入った缶の数で勝負を決める．

バリエーション　カエルちゃん脱出ゲーム

上肢

魅惑のアシカショー

認知症の人への配慮：掴みやすい道具を使用，円座で回転が良い，バリエーションで飽きさせない

導入例

皆さん，春らしくなってきましたね．暖かくなると動物も大喜び．水族館のアシカショーも始まりますよ．今日は，このラップ芯をアシカに見立てて，皆さんに輪投げをして頂きます．腕を伸ばしたりお尻を動かしたりとてもいい運動になると思います！　皆さん，何回輪を入れられるでしょう？

事前の準備

- ホースの輪３つとラップ芯を用意する．
- ラップ芯にアシカのイラストを貼る．
- 参加者は円座になり，職員が中央に立つ．

準備物

- 輪っか３つ（ホームセンターで売っている直径１cmくらいの軽めのホースを使用．75cmでカットし輪にしてテープで留める）

注意

- 上肢手指に疾患のある人は医療・リハビリ職に相談．
- 座位不安定の人は転落に注意．
- 首に投げてもらう時は，怪我をしないよう注意する．

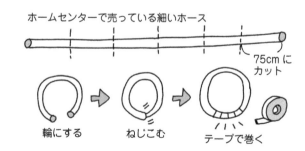

ホームセンターで売っている細いホース

75cmにカット

輪にする　ねじこむ　テープで巻く

最後に職員の首に入れるとアシカショーのように大喝采になりますョ！

期待される効果

- 上肢の運動を促す　　　・ユーモア
- 手と目の協調
- 座位バランスの向上
- 集中力の向上

時間：20 分
場所：フロア
人数：6 人～20 人
隊形：円座

進行

1. 参加者は円座になる.
2. 中央に職員が 1 人立ち (大人数の時は 2 人) ラップ芯を手にして参加者の 1 人に 3 回, 輪を投げてもらう. うまく入れば拍手！
3. 隣の人も同じように投げてもらう. 一巡する.

職員

ラップ芯

バリエーション 1

1. 参加者がラップ芯を持ち, 中央の職員が輪を 3 つ投げる. うまく入れば拍手！
2. 隣の人も同じように投げてもらう. 一巡する.

バリエーション 2

1. 参加者の 1 人に輪を投げてもらい, 職員の首に入れば拍手！
2. 隣の人も同じように投げてもらう. 一巡する.

節分鬼落とし

認知症の人への配慮：箱が落ちやすく成功体験を得やすい，ストレス発散ができる

導入例

皆さん，今日は節分ですね．立春の前日，もうすぐ春です．邪気や災い，悪いものを，お手玉で落としましょう．この鬼の箱を落としてストレス発散しましょう！

事前の準備

- 下のイラストのように箱を重ねておく．
- 参加者は U 字型に座る．

準備物

- ダンボール大 1 個
- ダンボール中 2 個
- ダンボール小 6 個（ティッシュ箱など）

注意

- 箱の後ろは危険なので，人は座らせない．
- 上肢手指に疾患のある人は医療・リハビリ職に相談．
- 座位不安定の人は転落に注意．

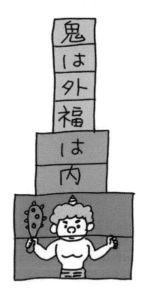

大の箱が後方に 2 cm ほどはみ出すように置いたところ，虚弱な方がポンとお手玉を当てただけで全ての箱が音をたてて崩れ落ちました．その迫力に大興奮でした！

期待される効果

- 上肢の運動を促す
- 手と目の協調
- 座位バランスの向上
- 集中力の向上
- 成功体験による自己肯定感 UP

時間：20 分
場所：フロア
人数：5 人〜20 人
隊形：円座

進行

1. 参加者は U 字型に座る.
2. 参加者の 1 人の, 1 m〜1.5 m 先に箱を重ねたものを置く.
3. お手玉を 5 回投げる.
4. ダンボール小を落としたら 1 個 1 点. 中を落としたら 5 点, 大を落としたら 10 点. 合計を得点とする.
5. 隣の人も同じようにお手玉を投げて箱を崩す.
6. 計算ができる人であれば計算をして頂く（全員で声を合わせて計算をしても良い).
7. 得点が一番高かった人の勝ち.

虚弱な方には
箱をギリギリ後方に置き
落ちやすくする

箱の後ろは
危険なので
人は座らせない

小

大

1.5m

バリエーション

1. 箱の大きさを中 2 個, 小 3 個など変えてみる.
2. お手玉をビーチボールに変更する.

ミツバチの巣 玉入れ

認知症の人への配慮：玉が入りやすく成功体験を得やすい

導入例
こんにちは．春になるとミツバチの活動が始まります．花から花へと飛び回り花粉を運んでくれるんですよね．今日は，春らしく，ミツバチの巣にピンポン玉を入れるゲームを行います．バウンドして入れます．いくつ入るでしょうか．

事前の 準備
- 参加者は U 字型に座る．
- 1 人の参加者の前に紙コップの入った箱のふたを置く．

準備物
- 箱のふた（コピー用紙の箱など）
- 紙コップ 36 個（うち赤紙コップ 4 個）
- ピンポン玉 20 個
- 大きめのダンボール
- バスタオル 2 枚

ピンポン玉は軽いから
投げやすいですネ～

注 意
- バウンドができない人はそのまま投げて良い．
- 上肢手指に疾患のある人は医療・リハビリ職に相談．
- 座位不安定の人は転落に注意．

紙コップの両脇にバスタオルを置くのは
ピンポン玉のはね防止です．
職員の玉ひろいも大変ですものねぇ．

期待される効果

- 上肢の運動を促す
- 手と目の協調
- 座位バランスの向上
- 集中力の向上
- 成功体験による自己肯定感 UP

時間：20分
場所：フロア
人数：6人～20人
隊形：U字型

進行

1. 進行役がピンポン玉をバウンドさせて紙コップに入れて手本を示す.
2. 参加者の1人が前に出てピンポン玉をバウンドさせて紙コップに10回投げ入れる.
3. 中央のコップ4個は10点，他のコップは1点として得点を競う.

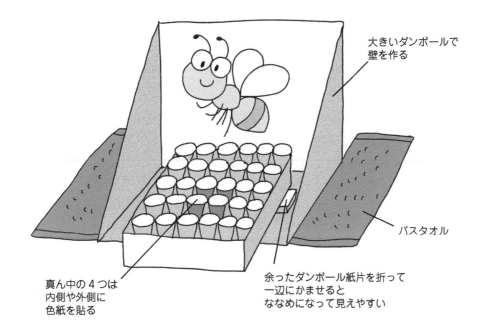

大きいダンボールで壁を作る

バスタオル

真ん中の4つは内側や外側に色紙を貼る

余ったダンボール紙片を折って一辺にかませるとななめになって見えやすい

バリエーション

・壁を外し，向かい合って2人対抗戦を行う．その際，黄色と白のようにピンポン玉の色を変え，交互にバウンドで投げ入れる．

上肢

羽根つきで変装バレーボール

認知症の人への配慮：羽根つきで遊んだ昔を回想する，チームの中で役割を持つ

導入例

皆さん，明けましておめでとうございます．皆さんに一言ずつ今年の目標（抱負）を言って頂きましょう（1人ずつ言って頂く）．さあ，お正月と言えば，羽根つき．今日は皆さんで羽根つきを行います．

事前の準備

- うちわを羽子板のように飾る．
- 羽根は風船のしばり口に梱包用のビニール紐をさいて輪ゴムでくくりつける．
- ネットがない場合はイスに竹棒（園芸用）をくくりつけ園芸用ネットを張る．ヒモでも良い．
- イスを楕円形にして，中央に職員が座る．
- ルールを説明する．

準備物

- ネット
- 風船（養生テープを巻いたもの，少し重くする）
- うちわ（羽子板）人数分
- 罰ゲームシール

注意

- 手すりのあるイスを使う．
- そり返って後ろに転倒しないよう職員が付く．
- 上肢手指に疾患のある人は医療・リハビリ職に相談・座位不安定な人は転落に注意．

クリアファイルに黒のカラーテープでバッテン（X）やひげ，ほくろを貼っておき，ボールを落とした人に選んでいただき貼ります．
昔，お正月に羽根つきで墨を顔にぬって大笑いした思い出話をしましょう！

期待される効果	時間：20分
・上肢の運動を促す	場所：フロア
・手と目の協調	人数：10人（交代で20人）
・座位バランスの向上	隊形：楕円形
・集中力の向上	

進行

1. 赤チーム，白チームがネットを挟み，楕円形の円座となる.

2. ジャンケンで勝ったチームに風船を投げスタートをする. 相手に打ち返すまで何回打っても構わないが下に落ちたら相手が1点獲得する.

3. 5点先取で終了.

4. 3ゲーム行い，多く勝ったチームの優勝.

バリエーション

・前列に3人，後列に2人並んで座っておこなう.

今日も大漁

認知症の人への配慮：単純でわかりやすい，季節を感じる，競う楽しさを感じる

導入例

皆さん，暑くなってきましたね．夏と言えば，海，海と言えば魚釣り．今日は皆さんで魚釣りゲームを行います．たくさん釣った人の勝ちですよ．さあ今晩のおかずにたくさん魚を釣りましょうね．

事前の準備

- 魚の例
- アジ，ひらめ，鯛，いか，たこ，鯖，鮭，かに，サメ，まぐろ，鯨，なまず，各×6（72匹），長靴，人魚，たいやき，各×6（18個），お金×10個．
- 製作レクなどで魚を作る（100匹ほど）．25 cmほどの紙を2枚合わせて中にシュレッダー紙などを入れて膨らますと魚らしくなる．
- 魚にモールをつける（イラスト参照）．
- 竹棒で釣り竿を作る（竹棒にひもをつけて先にカーテンレールのフックをつける）．
- ゲーム開始前は，ブルーシート（海）をフロアに敷き，参加者は周りを囲む．2人ペアで1人は釣り役，1人は魚を預かる役を担う．
- 職員が海の中で魚を行きわたるよう動く．

準備物

- ブルーシート
- 釣り竿（竹棒にひもをつけて先にカーテンレールのフックをつけたもの）
- 魚100匹（モールを口につけたもの）

注意

- 上肢手指に疾患のある人は医療・リハビリ職に相談．
- 座位不安定な人は転落に注意．

<table>
<tr><td>期待される効果</td></tr>
</table>

期待される効果

・上肢の運動を促す　　　　・集中力UP
・手と目の協調
・座位バランスの向上
・競って高揚感を得る

時間：20分
場所：フロア
人数：12人〜20人
隊形：長方形に座る

進行

1. ペアの役割の説明をする.
2. 実際に職員が釣って手本を見せる.
3. ヨーイドンで魚釣りを開始する. 魚がなくなったところでゲーム終了.
4. 釣った魚の数が得点となる.
5. ペアのもう1人と交代する. 再度, 魚をばらまき魚釣りゲームを行う.

いいな〜

つりざお
モールをつける
魚の紙
シュレッダーの紙などを詰める
竹棒など
たこ糸
カーテンレールのフック
2枚の魚の紙をホチキスどめをしてその上にテープを貼る
新聞紙
折る
コピー用紙でくるみ, 上下におもちゃのニセ札をコピーしたものを貼る
ペア
職員
ペア
ペア
ペア
ペア

1. ホワイトボードの裏にあらかじめ,「ラッキー魚（例えばタコ＋5点, アンラッキー魚イカ－2点）のように点数設定を変えるイベントを用意しておく.
2. ゲームが終わったらホワイトボードを裏返し, ラッキー魚, アンラッキー魚に応じて点数を変更する.

釣りは魚を釣ることがメインの楽しみですが, 中には札束ばかり釣る方もいます. やっぱり魚よりお金のほうが欲しいですよね！

昆虫採集

認知症の人への配慮：季節を感じる，昔の遊びを思い出す，競う楽しさを感じる

導入例 皆さん，子どもの頃，夏になると虫取りに行きませんでしたか？（男性参加者数人に聞いてみる） 朝早く起きて，木に蜜を塗ったりしましたか？今日は皆さんで虫取りゲームをしましょう．カブトムシ，クワガタ，早く足元に引き寄せたチームの勝ちです．頑張って下さいね．

事前の準備

- 赤いカブトムシ缶，青いクワガタ缶を製作レクで作る（赤，青の色紙を巻いて，虫のイラストを貼る）．
- ホースで作った輪っかにひも 1.2〜1.5 m をつける（輪っかの作り方は「2　魅惑のアシカショー」参照）．
- ゲーム開始前に，イス 2 脚の前にそれぞれ，赤，青の缶 7 本×3 列を並べる（投げ輪を投げて届く距離）．
- 職員が投げ輪のやり方の手本を示す．

準備物

- ホースの輪っかに紐（1.5 m）を付けたもの 4 個
- 赤いカブトムシ缶 21 本
- 青いクワガタ缶 21 本

注 意

- 上肢手指に疾病のある人は医療・リハビリ職に相談．
- 座位不安定や興奮してしまう人は転落注意．

赤チームと青チームの対戦で前半に大差がついていても，後半，接戦になることが多いゲームです．燃えますよ〜！

期待される効果

• 上肢の運動を促す ・チームワークを感じる
• 手と目の協調
• 座位バランスの向上
• 集中力の向上

時間：20分
場所：フロア
人数：12人〜20人
隊形：円座

進行

1. 参加者は円座に並ぶ.
2. 参加者の4人が赤青に分かれて向き合う.
3. ヨーイドンでそれぞれ持っている輪を投げ, 缶にかぶせて足元まで引っ張り寄せる.
4. 最初に全部自分たちの缶を足元に引っ張り寄せたチームの勝ち.

ルール

• 相手の虫を取ってしまった時は職員が元の位置に戻す.
• 缶は倒れても OK.
• 一度に3本4本持ってきても OK.

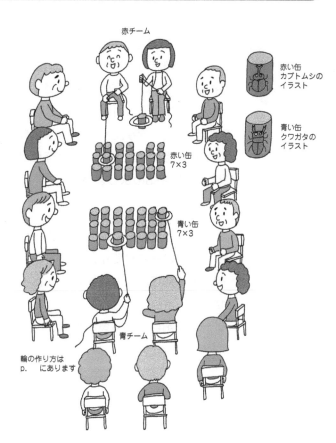

赤チーム

赤い缶 カブトムシの イラスト

青い缶 クワガタの イラスト

赤い缶 7×3

青い缶 7×3

青チーム

輪の作り方は p.　にあります

バリエーション

・トーメント式にすると面白い.

七夕，倒してはいけないボーリング

認知症の人への配慮：季節を感じる，楽しく足を動かす

導入例

皆さん，今日は七夕です．せっかくですから「七夕」の歌を歌いましょうか（全員で歌う）．七夕は，1年に1度，織姫と彦星が会えるチャンスですよね．今日は，七夕にちなんで，「天の川，玉蹴りゲーム」を行います．皆さんの前に「天の川」が広がっています．これからお1人ずつ玉を蹴って頂きますが，織姫と彦星のピン（参加者に持って見せる）を倒さないで下さいね．倒したら大変！　今年は会えなくなってしまいます．さあそれでは玉蹴りを始めましょう．

事前の準備

- 2Lペットボトルに織姫，彦星のイラストを貼る（3本ずつ）．
- 2列向かい合わせでイスを並べる．
- 参加者の前に織姫と彦星のペットボトル（織姫彦星）を1本ずつ立たせる．
- ゲーム開始前は，職員が手本としてボールを蹴って見せる．

準備物

- ビーチボールかゴムボール
- ペットボトル6本（織姫3本，彦星3本）

注 意

- どうしてもピンを倒してしまう人には蹴る直前に「倒さないように蹴って下さいね」と説明をする．また，ピンの下にガムテープを裏面にして輪っかにして床に貼りつけてもよい（ボールが相手に届くことで加点）．
- 下肢に疾患のある人は医療・リハビリ職に相談．
- 座位不安定な人は転落に注意．

ジグザクでピンを倒さないようボールをまわしていくのも楽しいですョ！

期待される効果

- 下肢の運動を促す
- 足と目の協調
- 座位バランスの向上
- 集中力の向上

時間：20分ほど

場所：フロア

人数：10人〜20人

隊形：2列向かい合わせ

進行

1. 参加者は2列向かい合わせに座る.
2. 最初の向かい合った2人の間に織姫と彦星を置き，この間が天の川で，2人を倒さないようにボールを蹴って転がし対面の人に渡すよう説明する.
3. ジャンケンで勝ったほうからボールを蹴る．チャンスは3回で，1回目で通せば3点，2回目は2点，3回目は1点（3回とも倒したら0点）.
4. 対面の人と交代する.
5. 隣の2人が行う（ペットボトルを移す）.

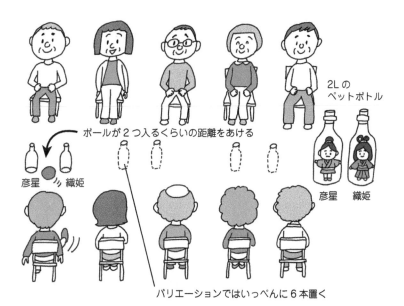

2Lのペットボトル

ボールが2つ入るくらいの距離をあける

彦星　織姫

彦星　織姫

バリエーションではいっぺんに6本置く

バリエーション

1. ペットボトルを6本配置し，好きなところに倒さないように蹴って頂く（ただし自分に蹴った人と違う人に蹴り返す）.
2. 赤青，持ち点が5点あり，誰かが倒したら1点引かれていき，0点になったら相手チームの勝ち．誰かが倒したら都度立て直す.

河原の石ころ返し

認知症の人への配慮：素足の気持ちよさを感じる，子どもの頃を思い出す，運が左右する

導入例

皆さん，暑い日が続きますね．小さい頃，夏は河原で遊んだという人はどのくらいいらっしゃいますか？（挙手してもらう）　こういう石ころがたくさんあって，皆さん素足で冷たい川の中に入ったのではないですか？（思い出話を聞いてみる）　今日は，皆さん，小さかった頃のように素足になって石ころで遊んでみませんか？

事前の準備

- 平たい石を 20 個用意する（洗って乾かす）．
- 裏に 1 から 10 までの数字をマジックで書く（2 セット作る）．

準備物

- 平たい石 20 個

注意

- 下肢に疾患のある人は医療・リハビリ職に相談．
- 座位不安定な人は転落に気をつける．

足指でひっくり返すことで運動を促していますが，難しいようなら，最初から表（数字が書いている面）を上にして，順番に並べるゲームにしてみましょう．

進行

1. 参加者は素足になって円座になる（素足になりたくない人は靴下を履いていても良い）．
2. 参加者の 2 人の前に数字を書いた小石を裏返してランダムに足元に置く．
3. ヨーイドンで自分の足で小石をひっくり返して「10」を探す．
4. 先に見つけた方の勝ち．
5. 次の 2 人が勝負をする．

<table>
<tr><td>

期待される効果

- 下肢，足指の運動を促す
- 足底感覚の向上
- 立位バランスの向上

</td><td>

時間：10分〜20分

場所：フロア

人数：10人〜20人

隊形：2人対抗

</td></tr>
</table>

石の裏に1から10の
番号を書いておき、
裏返す

バリエーション

1. 裏にしてランダムに並べた石ころを足でひっくりかえし，1から10まで順番に並べる．
   並べ方は縦でも横でも良い．両足を使って良い．

2. 裏にして置いた石の中から2つだけランダムに足でひっくり返して，合計の数が多い方が勝ち（3回戦）．

3. ペア（2対2）になり，石を裏返し，最初に3つ同じ数字を合わせたペアの勝ち（3と3，5と5，9と9など）．

4. ペア（2対2）になり，手当たり次第にひっくり返し，先に数字を全てペアにしたチームの勝ち．

真夏のミステリー，つちのこ取り

認知症の人への配慮：競う楽しさを感じる，昔のことを思い出す

導入例

皆さん，夏と言えば，怪談やミステリーをよく聞いたと思いますが，昭和47年頃にテレビで目撃情報がたくさん寄せられた「つちのこ」を覚えていますか？　胴の太い蛇のような未確認生物です．今日は，つちのこ取りゲームを楽しんでみましょう．本当に捕まえられたら有名人になってしまいますよね！

事前の 準備

・参加者はU字型に座る．
・新聞紙（つちのこ）3枚を床に並べ，その新聞紙を挟むようにイスを2脚対面で置く．

準備物

・新聞紙（大きく広げた1枚の半分を縦3分の1にカットしたもの．つちのこのイラストを描く）

注意

・下肢に疾患のある人は医療・リハビリ職に相談．
・座位不安定な人は転落に気をつける．

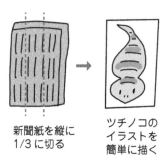

新聞紙を縦に
1/3に切る

ツチノコの
イラストを
簡単に描く

両足を巧みに使ったり，素早く踏みつけたり，普段隠れている素顔が見えるゲームです．お互い踏み続けたままゆずらず，新聞紙が切れた場合は面積が大きいほうが勝ちとしましょう！

期待される効果

- 下肢の運動を促す
- 足と目の協調
- 座位バランスの向上
- 集中力の向上
- 敏捷性の向上

時間：20分ほど

場所：フロア

人数：10人〜16人

隊形：U字型

進行

1. 参加者2人が向かい合って座る.
2. 職員が音楽を流し（参加者は音楽に乗って踊って頂いても良い），途中でホイッスルを吹いて音楽を止める.
3. 参加者2人は目の前にあるつちのこ（新聞紙）を足で踏みつけ思い切りイスの下へ引く.
4. 3本のうち何本つちのこを取ることができたか. 数の多い方が勝ち.

足を伸ばせば踏める位置に
ツチノコをセッティング！

バリエーション

1. 5本でやってみる.
2. 2対2にして，5本でやってみる.

11. 夏

台風が来た！

認知症の人への配慮：ルールが単純で分かりやすい，季節を感じる

皆さん，台風の時期になりましたね．台風が来る前はどんな準備をしましたか？　停電のためのろうそくとか？　電池も必要ですよね．今日は，そんなに怖い台風ではなくて，みなさんの吹く息でこのビニール風船を飛ばすゲームを行います．先にゴールさせるのはどちらのテーブルでしょう？

事前の 準備

・ビニール袋を用意し，膨らませておく．
・テーブル対抗なので席取りを考えながら着席して頂く．

準備物

・ビニール袋 10 枚（スーパーにあるような透明の A4 サイズの袋を膨らませ，テープで口を留める）

注意

・呼吸器系に疾患のある人は医療職に相談．
・吹く力が強いと思われる人はなるべくゴールに近い席にする（1 人でゴールまで吹いてしまう可能性があるので）．

進行

1. 参加者はテーブルにつく．両端にもスタートとゴールの人が座る．
2. ビニール袋を膨らませたものを各テーブル 5 つ準備する．
3. ヨーイドンで，スタートの人がビニール風船を吹く．次々にグループのメンバーがゴール目指して吹いて送っていく．
4. ゴールがビニール風船を受け取れば，ゴールが手を挙げて，スタートが 2 つ目の風船を送る．

5.　5つ全ての風船をゴールが受け取った時点で終了．一番先に5つ送ったチームの勝ち．

6.　逆向きで行う．

バリエーション

・ビニール風船の代わりに，紙風船など他の物を吹いてゲームを行う．

重度の認知症や口腔機能が低下している方には，職員が手伝って一緒に吹くようにしましょう！

秋の登山, 富士山登頂ばんざい！

認知症の人への配慮：簡単でわかりやすい，昔のことを思い出す

導入例

秋の行楽と言えば，登山を思い浮かべる方もいらっしゃるでしょう．皆さんの中で富士山に登ったことのある方はいらっしゃいますか？（挙手して頂き思い出話をして頂く）　今日は富士山に見立てたこの缶の上にお手玉を乗せるゲームを行います．たくさん乗せた方が勝ちですよ．頑張って下さいね.

事前の準備

- テーブル中央に円柱の空き缶（直径 25 cm 程度）を底を上にして置き（富士山のイラストを貼る），動かないよう下をガムテープで留める.

準備物

- テーブル，円筒状の空き缶など（缶に富士山の絵を貼り付ける．または缶に風呂敷をかけて富士山に見立ててもよい）
- お手玉 5 個×4 人分（赤 10 個，青 10 個）

注意

- 立位保持ができる方は，職員が必ず介助や見守りをしながら，立って行ってみましょう（医療職に相談して下さい）.
- 上肢手指に疾患のある人は医療・リハビリ職に相談.
- 座位不安定な人は転落に注意.

最初に 2 回くらい練習するとよいでしょう.
富士山の歌を歌ったり，登山の思い出に花を咲かせながらゲームを楽しみます.

期待される効果

- 上肢の運動を促す
- 手と目の協調
- 座位バランスの向上（立位保持）
- 集中力の向上

時間：20分

場所：テーブル

人数：4人〜20人

隊形：円座

進行

1. 赤青でジャンケンをして勝った方からお手玉を1回投げる（赤青赤青の順）.
2. 全員が5回投げ終わったら，富士山に乗っているお手玉がどちらが多いかで勝敗を決める.

バリエーション

・1対1で行う.

豪華クルーズ船の旅

認知症の人への配慮：簡単でわかりやすい，思い出を話す，選択する

導入例

皆さん，秋と言えば「旅行の秋」ですよね．最近は船の旅に人気があるそうです．船旅をされた方はいらっしゃいますか？（挙手を求めどんな船でどこに行ったか聞いてみる）　今日は，皆さんで船旅のゲームをします．足でローラーを蹴って「船旅の旅行先」を決めるゲームです．想像するとわくわくしますよね．それでは始めます．

事前の 準備

- コーヒー缶とラップ芯でローラーを作る．
- ドボンのお題を作る（初恋はいつ？　１億円あったら何に使う？　動物の鳴きまねをして，など）．
- バリエーションの箱とお手玉を準備する．
- 参加者はＵ字型に並び，中央にＡ３用紙が入る間隔をあけてカラーラインを６本引く．

準備物

- ホワイトボード
- コーヒー缶ローラー
- Ａ３用紙（船旅の行き先）
- カラーテープ

バリエーション

- Ａ３の大きさの箱５つ
- Ａ３の厚紙５枚（船の名前）
- お手玉10個.

注意

- 下肢に疾患のある人は医療・リハビリ職に相談．
- 座位不安定の人は転落に注意．

足裏でローラーを転がすときに座位が良くなり，下肢，腹筋，イスの手すりをつかむ上肢などに力が入ります．コツをつかむまで練習すると，すーっと転がるようになりますョ！

期待される効果

- 下肢の運動を促す
- 足と目の協調
- 座位バランスの向上

時間：20分〜40分
場所：フロア
人数：10人〜20人
隊形：U字型

進行

1. 参加者はU字型に並ぶ．左半分が赤チーム，右半分が青チームとする．
2. 中央に5つに区切った「船旅の行き先」を置く．
3. 参加者の1人がコーヒー缶ローラーを足裏で転がし，ローラーを進める（3回）．
4. 止まった所の「行き先」と「点数の合計」を発表し，ホワイトボードに記録する．
5. 合計点数の上位3位まで発表する．

バリエーション

1. 船旅の用紙があった所に箱を5つ置く．
2. イスに座り，お手玉を箱に入れる．
3. 箱には「船旅の船の種類」と「得点」を書き，お手玉10球を投げて，入った点数を合計してホワイトボードに記録する．
4. 合計点数の上位3位まで発表する．

14. 秋

秋の国体陸上投てき大会

認知症の人への配慮： つかみやすい道具，円座で間延びしない，バリエーションで
飽きさせない

導入例

皆さん，運動の秋です．これから秋の国体を始めますよ．腕を高く上げて
槍を投げたりボールを投げたりすることは，洋服を脱いだり着たりする動
作と似ていますね．腕が痛くない人は思い切り腕を伸ばしてみませんか？

事前の準備

- 参加者が U 字型になっている先に大きい段ボールを置く．
- 以下の投てき道具を用意する．
  - ①やり（広告紙を角から斜めに丸めたもの．直径 1 cm）
  - ②砲丸（ビーチボールかゴムボール，少し空気が抜けていると手でつ
    かみやすい）
  - ③円盤（うちわ，うちわを横から投げられない人はお手玉を投げる）

準備物

- ダンボール大 1 箱
- やり（広告紙）10 本
- 砲丸（ビーチボール）1 個
- 円盤（うちわ）1 本
- お手玉 1 個

注意

- 箱の後ろは危険なので，人は座らせない．
- 上肢手指に疾患のある人は医療リハビリ職に相談する．
- 座位不安定の人は転落しないよう気を付ける．
- 投げたものが他の方に当たらないように注意する．

進行

1. 参加者は U 字型に座る．
2. 進行役がやり投げの手本を示す（手を上げて投げた方が良いが，できない人は下
   から投げても OK）．
3. 1 人 10 回投げる（1 回投入すれば 1 点）．

期待される効果		時間：20分

期待される効果
・上肢の運動を促す
・手と目の協調
・肩甲骨を動かす
・座位バランスの向上
・集中力の向上
・ストレスの発散

時間：20分
場所：フロア
人数：6人〜20人
隊形：U字型

4.　全員投げ終わったら，一番たくさん入った人を発表する.

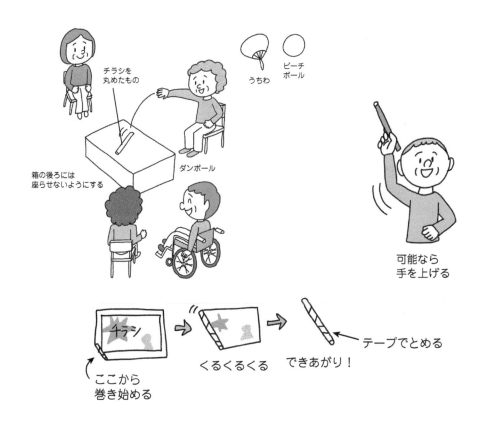

チラシを丸めたもの

うちわ

ビーチボール

ダンボール

箱の後ろには座らせないようにする

可能なら手を上げる

ここから巻き始める

くるくるくる

できあがり！

テープでとめる

バリエーション

・砲丸投げ：ビーチボール（少し空気を抜く）を5回投げて箱に入った回数が得点となる.
・円盤投げ：うちわを横から5回投げて箱に入った回数が得点となる. 投げられない人はお手玉を投げる.

大会の最後に「後ろ向きで入ったら得点が10倍になります！」と言ったら，男性が「やります！」と言って見事1回で成功し，大盛りあがりでした！

15. 冬

蹴って投げて雪合戦

認知症の人への配慮：大きい玉で蹴りやすい，簡単でわかりやすい，競う楽しさを感じる

皆さん，寒いですね．雪の季節になりました．冬は皆さん小さい頃はどんな遊びをしましたか？（数人に聞いてみる）　今日は雪合戦を楽しんでみましょう．足で蹴って雪玉を相手の陣地に追いやります．

事前の 準備

- 新聞紙（広げた物）3枚を丸めて 20 cm～25 cm の大きさにしてテープで留めたもの（大きくて蹴りやすく，イスの隙から外に出にくい）を人数分用意する．
- 中央にカラーテープで中心線を引く．
- 事前に風邪予防の話をする．
  ＜バリエーション＞
- A4 サイズほどの箱 4 つに雪男の絵を貼る．
- 中心線の上にその箱を立てる．

準備物
- カラーテープ
- 新聞紙玉（広げた物を 3～4 枚使い丸め 20 cm にする）を人数分
- 箱（A4 くらい）4 個

注意
- 下肢に疾患のある人は医療・リハビリ職に相談．
- 座位不安定の人は転落に気を付ける．

進行

1. 参加者は赤と青に分かれ，中央ラインを挟んで向き合って座る（つめて座る）．
2. 手に玉を 1 つずつ持ち，蹴って雪合戦をします．玉を線から向こうにたくさん

期待される効果 ・下肢の運動を促す ・足と目の協調 ・座位バランスの向上 ・競うことで高揚感を感じる	時間：10 分ずつ 場所：フロア 人数：20 人くらい 隊形：円座（楕円形）

追いやった方の勝ちです」と言う．

3. 参加者はヨーイドンで玉を蹴る．制限時間は 1 分．終わったら玉の数を数える．

4. 3 回ゲームを行い，多く勝ったチームの勝ち．

5. 座る位置を時々変えても面白い．

新聞紙（広げたもの）
3 枚を丸め
20 ～ 30cm の大きさにする

1.5m

1.5m

バリエーション

1. 次は全員一緒でなく 1 人ずつ 5 回お手玉を投げる．

2. 中心線の上に箱を均等に並べ，玉を投げて箱（雪男）を追いやる．

3. 全員が終わった時点で箱（雪男）が少なかった方の勝ち．

裏も同じ雪男の絵

冬はやっぱり鍋！

認知症の人への配慮：簡単でわかりやすい，食べる楽しみを感じる，競う楽しさを感じる

導入例

皆さん，冬は鍋の季節ですよね．皆さんはどんな鍋がお好きでしょう？（2，3人に聞いてみる）　今日は，お手玉を投げて鍋の材料を手に入れましょう．

事前の準備

- イスなどに竹棒をくくりつけ，ひもを張る．
- A3の紙を折ってひもにかける．
- 参加者はU字型に並ぶ．
- 点が高いほど，落ちにくいように紙を折る．

準備物

- 竹棒，ひも
- A3用紙（鍋材料の絵）
- 1/4で折った紙4枚，1/3で折った紙1枚（両端の4枚→白菜，ネギ，牛肉，豆腐は1/4で折る．真ん中は1/3で折る．右頁のイラスト参照）
- お手玉5個

注意

- 上肢手指に疾患のある人は医療・リハビリ職に相談．
- 座位不安定の人は転落に注意．

おいしそうだニャー

お手玉を投げて紙に当てるだけのカンタンなゲームです．
たまに「ひも」に当てて，一度で全部を落とす人もいます．
大盛りあがりですョ！

期待される効果

- 上肢の運動を促す
- 手と目の協調
- 座位バランスの向上

時間：10分
場所：フロア
人数：10人
隊形：U字型

進行

1. 参加者の 1 人が鍋の材料の前に座る.
2. お手玉を 5 回投げて，材料をゲットする.
3. それぞれの点数を合計し，ホワイトボードに記録する.
4. 全員終わったら，一番得点が高かった人の勝ち.

バリエーション

・折り方を変えたり（1/5 や 1/6）イラストの内容を変えても楽しい（例：冬の果物, かき, りんご, みかん, ゆず, レモンなど）.

17

七福神で GO！

認知症の人への配慮：目的を持って歩くことができる．昔のお正月を回想できる

導入例

皆さん，あけましておめでとうございます．今日は皆さんと七福神参りをしたいと思います．と言っても施設内で行うゲームですよ．今から 7 つのパワースポットに行って，そこにいる七福神と 5 回ジャンケンの運試しをして頂きます．ジャンケンに勝った数だけ御朱印（スタンプ）がもらえますよ．さあ年の初めの運試し，誰が一番御朱印を頂けるでしょうか！？

事前の 準備

・施設内の各部署に七福神のそれぞれの神様のポスターを貼る．
・各七福神の部屋にスタンプを用意する（スタンプがなければ職員のサインでも良い）．

準備物

・七福神のポスター
・スタンプカード（毛糸→首から下げる）
・スタンプ台

注 意

・歩行が難しい人は車いすを使用する．
・杖や歩行器使用など歩行不安定な方は職員が必ず介助する．
・人数が多いようなら，ジャンケンは 1 人 3 回で良い．

施設の中の探検のようなワクワク感満載のゲームです．
年のはじめにいろいろな職員さんとコミュニケーションがとれる楽しいイベントになりますョ！

期待される効果

- 下肢の運動を促す
- 職員とのコミュニケーション
- 見当識を高める（お正月）

時間：30分
場所：施設内の各部署
人数：4人1グループ
隊形：グループで歩く

進行

1. 4人1グループで，職員が「七福神巡り」のガイドをする．
2. 医務や事務など各部署に職員を待機させる．
3. 参加者が到着すれば，1人5回ジャンケンをする．ジャンケンに勝てば，スタンプをもらえる（各部署，最高5つスタンプを押してもらえる）．
4. ジャンケンが終わったら，「お参り」をして次の七福神の部署へ向かう．
5. 誰が一番スタンプをもらったかで競う．

七福神の部署の例

恵比寿様	商売繁盛	→	経理，事務部
大黒天	五穀豊穣	→	栄養課，厨房
毘沙門天	武道成就	→	リハビリ課
弁財天	学問の神	→	研修室
布袋様	家庭円満	→	最近，結婚した人のいる部署
福禄寿	幸福長寿	→	最近，赤ちゃんが生まれた人のいる部署
寿老人	無病息災	→	医務

18

歩く

サウンドオブミュージック

認知症の人への配慮：外気で気分転換，歩いて歌ってストレス発散

導入例

皆さん，今日は，天気がとてもいいので，お散歩に行きませんか？
お茶とお菓子を持ってピクニックに行きましょう．
きっと公園は桜が満開ですよ！

事前の準備

- 飲み物，おやつの準備（なくても良い）
- ギターやカラオケ音源（スマホに入れる）

準備物

- お茶，コップ，お菓子
- 音源（ギターやスマホなど），歌詞カード

注意

- バイタルチェックを行う．
- 事前にトイレを済ませておく．
- 騒音など近隣に配慮する．
- 外気温に留意して，羽織る物や帽子などを準備する．
- 不慮の事故や体調急変に対応するための職員の担当を決める．

なんといっても外の空気を吸うのは一番のリラクゼーションです．施設の環境が整っているのというのは「楽しめる空間」をいくつ作れるかにかかっていると，私は思います．

期待される効果

- 下肢の運動を促す
- 歩行動作の向上
- 歌うことで口腔機能向上
- 気分転換
- 外でおやつを食べることで食欲 UP する方も

時間：30 分ほど
場所：近くの公園など
人数：4，5 人
隊形：グループ移動

進行

1. 天気が良く，気温もちょうどいい日に，近所の公園に出かける．
2. 公園に到着したら，お茶を飲み，おやつを楽しむ（一般の食形態の人対象）．
3. 歌詞カードを配布し，普段歌い慣れている歌をみんなで歌う．

バリエーション

・公園で幼稚園児と交流をする．

外の空気はきもちいいニャー

19

雪かきホイホイ

認知症の人への配慮：季節を感じる，雪国育ちの人は昔を思い出す，腕を伸ばす

導入例

皆さんこんにちは．寒くなりましたね．○○では雪が○cmも積もったそうですよ．皆さんの中で雪国育ちの方はいらっしゃいますか？　雪かきをしたことはありますか？（数人に聞いてみる）　今日は，雪かきゲームを行います．この紙コップが雪玉です．腕をこのように前に伸ばして雪玉を箱に入れます．背中の後ろにこうやって手を伸ばすとシャツを脱ぐ時の動きと似ていますね．手の痛くない方はシャツを脱ぐように腕をまわして下さいね．

事前の準備

・参加者は円座になり，参加者2人の前に洗濯かごを置く．
・冬の話，雪の話をする．雪国生まれの人に雪かきの話をして頂く．

準備物

・紙コップ20個
・新聞紙棒2本
・洗濯かご4個

注意

・上肢手指に疾患のある人は医療・リハビリ職に相談．
・座位不安定の人は転落に注意．

足元の紙コップをすくうとき，前傾をして足裏に体重が乗ります．その後の上体を起こす動きは「立ち上がり」動作に似ています．日常動作を楽しくおこなえますョ！

期待される効果

- 上肢の運動を促す
- 手と目の協調
- 座位バランスの向上
- 衣服の着脱を意識する

時間：10分
場所：フロア
人数：12人くらい
隊形：円座

進行

1回戦目

1. 新聞紙棒で，足元にある10個の紙コップ（雪）をすくい，1m先の洗濯かごに投げ入れる．
2. 先に10個入れた方の勝ち（かごに入らなかったものは職員が足元に戻す）．

2回戦目

1. 洗濯かごを背後に置き，参加者は新聞紙棒で紙コップ10個を1つずつすくい，そのまま頭上に持ち上げ肩越しにかごに落とす．その際，「服を脱ぐ時のように」と言葉をかけ更衣動作を意識してもらう．
2. 背後の洗濯かごにたくさん紙コップを入れた方の勝ち．

3回戦目

1. 洗濯かごを左右（少し遠くに置く）に置き，紙コップ10個のうち5個を右のかご，5個を左のかごに入れる．
2. 先に10個を左右のかごに入れた方の勝ち．

右手ですくい
右のかごへ

20

またいで玉入れ

認知症の人への配慮：お風呂の浴槽またぎを意識する

導入例

皆さん，今日はお風呂についてお話をします．日本人が長寿なのは実は「お風呂に入る習慣があるから」という説があります．お風呂は清潔を保つだけでなく，血行をよくしたりリラックスさせたりして免疫力も上げてくれるんですね．今日はお風呂またぎを思い出してゲームを行って下さい．足指で玉をつかんで思い切り足をあげて箱に入れます．どちらが先に全ての玉を入れ終わるでしょうか．

事前の準備

- 玉を入れる箱を作る．ダンボールなどの箱（40×50×高さ 20 cm くらい）を 2 つ（箱に赤と青の紙を貼る），厚紙（60 cm 幅）でつなぐ．それを 2 台作る．
- 全員が円座で素足となり（素足になりたくない人は靴下で OK），新聞紙を丸めて新聞紙玉を 3 つ作り足でつまんで前に投げる練習をする．

準備物

- ダンボール（40 cm×50 cm，高さ 20 cm くらい）4 つ
- ダンボールをつなぐ厚紙
- ガムテープ
- 新聞紙玉　開いた新聞紙の半分を丸めて玉にする（赤テープで巻いた玉 5 個，青テープで巻いた玉 5 個）×2

注意

- 下肢に疾患のある人は医療・リハビリ職に相談．
- 座位不安定の人は転落に注意．

期待される効果

- 下肢，足指の運動を促す
- 股関節の柔軟性向上
- 浴槽またぎの動作を意識する
- 座位バランスの向上
- 靴下着脱の動作

時間：20分
場所：フロア
人数：6人〜20人
隊形：円座

進行

1. 参加者2人（対面どうし）の前に，箱2つずつ左右に置く（2つの箱は厚紙でつないでおく）.
2. 進行役が素足になり，新聞紙玉を足でつまんで箱に入れ手本を示す．その際，浴槽またぎを意識するよう話す.
3. 渡り廊下（厚紙）にバラバラに赤玉5個と青玉5個を置く.
4. 参加者2人がヨーイドンで赤い玉を赤い箱へ，青い玉を青い箱へ入れる.
5. 最初に10個，玉を5個ずつ正確に振り分けて箱に入れた方の勝ち.

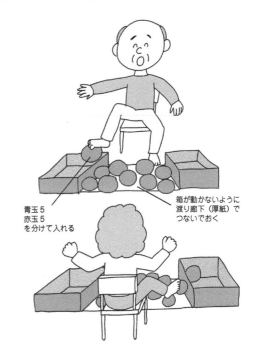

青玉5
赤玉5
を分けて入れる

箱が動かないように
渡り廊下（厚紙）で
つないでおく

浴槽またぎだけでなく，車イスのフットサポートを足で上げるときの練習になります！
さあ頑張って足を上げて！

バリエーション

ダンボールを足元から50cm〜1mの距離に置き，新聞紙玉をつまんで蹴り，投げ箱に入れる.

桃太郎と３匹のお供

認知症の人への配慮：昔話を思い出す，競う楽しさを感じる

導入例
皆さん，桃太郎の話を覚えていますか？（一緒に思い出してみる）　今日は皆さんが鬼になって，ここにいる「猿，きじ，犬」をお手玉を当てて倒して頂きます．でも，ここには桃太郎が家来の３匹を守りますからね．それではゲームを始めましょう．

事前の準備
・ダンボール箱を２つ用意し，ひっくり返して置く．
・ダンボール箱の間に守り役用イスを１つ，前に攻め役のイスを２つ置く．
・２つの箱の底の上と，守り役が座るイスの前に，３本ずつ猿・きじ・犬の絵を貼ったペットボトルを置く．

準備物
・ダンボール２箱
・うちわ２本
・ペットボトル（猿，きじ，犬の絵があるもの）３本ずつ
・お手玉20個

ボクもお供したいニャー

注意
・上肢手指に疾患のある人は医療・リハビリ職に相談．
・座位不安定の人は転落に注意．

最初は遠慮がちだった方も慣れてくるとフェイントをかけたり，どうにかして倒そうと奮闘する人が出てきます．楽しいですョ！

期待される効果

- 上肢の運動を促す
- 手と目の協調
- 座位バランスの向上

時間：20分
場所：フロア
人数：12人〜20人
隊形：U字型3人対抗

進行

1. 参加者はU字型になる．
2. 参加者の3人が少し前に出てゲームを行う（最初は職員がペットボトルを守る役になります）．
3. 2人がペットボトルを倒そうと，同時にお手玉を投げる．
4. 守り役が両手にうちわを持ち，左右下に置いてあるペットボトル（猿，きじ，犬）を倒されるないよう守る．
5. 倒した本数が攻め役の得点となる．
6. 次の3人が同じようにゲームを行う．

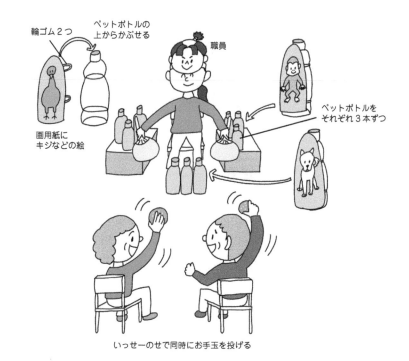

輪ゴム2つ

ペットボトルの
上からかぶせる

職員

画用紙に
キジなどの絵

ペットボトルを
それぞれ3本ずつ

いっせーのせで同時にお手玉を投げる

バリエーション

・役割を変える．身体能力の高い参加者が守り役をやる．

22

おせちDEビンゴ

認知症の人への配慮：正月行事を思い出す，食べ物を認識する

導入例

皆さん，お正月といえばおせちですね．おせち料理にはどんなものがあったか思い出してみましょう．（参加者に聞いてみる）さて次は好きなおせちを聞いてみましょうか．栗きんとんが一番お好きな方！　伊達巻がお好きな方！（いくつか聞いてみる）

事前の準備

- おせちカード(グループ分．栗きんとん，なます，黒豆，田作り（ごまめ），伊達巻，ぶりの照り焼き，菊花かぶ，紅白かまぼこ，エビ，数の子，鯛，いくら，お煮しめ，昆布巻き，牛肉，寒天ゼリーの16種類のイラストを8㎝×8㎝の厚紙に描く（裏に赤い紙を貼る）).
- 16種類のおせち札（半分に折って中が見えないようにして箱や袋に入れておく）.
- 4人グループに分かれ，各グループに「4×4ますの台紙」と16枚のおせちカードを配る.

準備物

- ホワイトボード
- 4×4マスの台紙
- おせちカード
- おせち札（袋，箱）

注意

- ビンゴのルールがわからない人もいますので，職員がついておせちの話の話をしながら進めましょう.

認知症が重度になると食べ物を認識できなくなります.
思い出話とともにおせちのイラストを見ながら楽しくゲームを進めましょう！

<table>
<tr><td colspan="2">期待される効果</td><td>時間：20分</td></tr>
</table>

期待される効果

・昔のことを回想し情緒が安定する
・見当識を促す
・注意機能の向上（選択時）

時間：20分
場所：テーブル
人数：4人×数グループ
隊形：テーブル対抗（4人）

進行

1. 全員に16枚のおせちカードを台紙に好きなように並べるよう説明する.
2. 進行役がグループをまわり，袋に入った「おせち名の札」を参加者に順番に引いて頂く.
3. 出たおせち名をみんなに知らせ，そのおせちカードを伏せて赤い面を出してもらう.
4. 次々に札を引き，赤い面が，縦，横，斜め，4つ並んだグループの勝ち！
5. 時間にもよるが上位3位くらいまでは続ける.

バリエーション

・札引きは，まんべんなく全員に役割を持って頂くように順番にまわるが，引いた後に「どんなおせちが好きか」「どうやって作ったか」を聞く.

23

赤ちゃん，あ〜ん

認知症の人への配慮：子育てを思い出す，箸を使う

導入例　今日は，箸つかみのゲームです．赤ちゃんは1人ではご飯を食べられないので，今日は昔を思い出して赤ちゃんにご飯を食べさせましょう．お椀に入っているご飯をお箸でつまんでお口に入れてあげて下さい．一番最初に全部食べさせた人の勝ちです．

事前の準備

- 梱包用のクッション材を大き目の発砲スチロールお椀に入れる.
- 割り箸を用意する.
- 500mℓの牛乳パックの上の部分をカットし，上から口を開けた赤ちゃんの顔のイラストを貼る．赤ちゃんの口ははさみで丸く開けておく.
- テーブルに4人が座り，目の前にお椀と箸と赤ちゃんを準備しておく.

準備物

- 梱包用クッション材を適宜
- 発砲スチロール椀を人数分
- 500mℓ牛乳パックを人数分
- 箸4本（人数分）

注意

- 出産経験のない人が気にするようなら赤ちゃんを犬などに変更する.
- 梱包用クッション材を口に入れないよう注意.
- 箸をうまく使えない人はスプーンを使う（選んで頂く）.

認知症が進んでも箸を上手に使える人がいます．食事中はできるだけ自分でできることは自分でやって頂きましょう．自分で食べたほうがご飯は美味しいのダ！

期待される効果

- 上肢の運動を促す
- 手指の巧緻性の向上
- 育児を思い出すことで幸福感を得る
- 食事の動作を思い出す

時間：10分
場所：テーブル
人数：4人～8人
隊形：テーブル4人対抗

進行

1. 参加者はテーブルにつき，ヨーイドンで，お椀のご飯を箸でつまんで，赤ちゃんの口に入れる．

2. 最初に全部食べさせた人の勝ち．

（子どもっぽいと言う人や男性などは，ペットボトルに梱包材を箸で入れて頂いても良い）

発泡スチロールのお椀に梱包用クッション材

口の部分を切った赤ちゃんの絵

テープでとめる

MILK 500mℓ

バリエーション

・ペットボトルのふたを赤ちゃんに食べさせる．

24

洗濯大作戦

認知症の人への配慮：家事（洗濯）を思い出す．洗濯ばさみなど馴染みの生活用品に触れる

導入例

皆さん，今日は洗濯ばさみを使ったゲームです．昔，お母さんは毎日洗濯をしましたよね．洗濯板を使っていた人いますか？　2槽式の洗濯機は最近ではあまり見なくなりました．昔の脱水機を覚えていますか？（数名に洗濯の苦労話などを聞く）　さて，今日のゲームは洗濯ばさみをこの紙から外してあの洗濯かごに投げ入れるゲームです．指の力がつきそうですね．皆さん，頑張って下さい！

事前の準備

- 参加者が座る円座の中央に小さいテーブルを置き，その上に洗濯かごを置く．
- ダンボール紙片に挟んだ洗濯ばさみを準備する．
- ゲーム前に進行役が洗濯ばさみを投げて手本を示す．

準備物

- 個人戦　洗濯ばさみ　白10
- チーム戦　人数×5（赤青）
- 洗濯かご　1個
- テーブル
- 洗濯ばさみをはさむダンボール

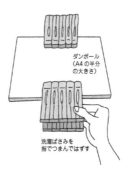

ダンボール
（A4の半分
の大きさ）

洗濯ばさみを
指でつまんではずす

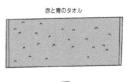

赤と青のタオル

コマ結びをする

バリエーション2用

バリエーション

- タオル10本（赤と青など色違いタオルを5本ずつ，色は何でも良い）．

注意

- 上肢手指に疾患のある人は医療リハビリ職に相談．
- 座位不安定の人は転落に注意．

期待される効果

- ・上肢の運動を促す
- ・握力の向上
- ・手と目の協調
- ・座位バランスの向上
- ・集中力の向上

時間：20分

場所：フロア

人数：4人〜12人

隊形：円座

進行

個人戦

1. 参加者は洗濯かごが乗ったテーブルを囲み円座になる.
2. 参加者の1人がダンボールに挟んだ洗濯ばさみを1つずつ外し10個投げる.
3. 洗濯かごに入った洗濯ばさみの数が得点となる.

1.5m

バリエーション1

1. 個人戦ではなく，赤青に分かれる.
2. 一斉に段ボールの洗濯ばさみを外して5個ずつ投げる（洗濯ばさみの色は変える）.
3. かごに赤青どちらが多く入っているかで勝敗を決める.

バリエーション2

1. 個人戦ではなく，赤青対抗で，1人ずつ自分の色のタオルを投げる. 投げる前に参加者はタオルを真ん中でコマ結びする.
2. かごに多く自分の色のタオルを入れた方の勝ち.

掃除

大掃除大作戦

認知症の人への配慮：家事（掃除）を思い出す，競う楽しさを感じる，馴染みの生活用品
に触れる

導入例

皆さん，こんにちは．今日は皆さんで大掃除をします．昔は電気掃除機も
なくて，ほうきでごみを掃きましたよね．ぞうきんがけも大変な作業でし
た．今はロボットが掃除をしてくれる時代です．今日は掃除ゲームで思い
切り手を動かしましょう．ゲームのやり方ですが，このティッシュを丸め
たごみをほうきで真ん中の線を越えて追いやります．1分間ごみの掃除を
行って，最終的にごみの少ないチームの勝ちです．

事前の準備

- ティッシュペーパーを1枚丸めてテープで留めたものを10個用意す
  る．
- 割り箸に梱包用テープ（割いたもの）を輪ゴムでくくりつけた物を人
  数分用意する．
- テーブルにカラーテープでセンターラインを引く．
- 参加者が少ない時はイスをテーブルに差し込んでおくと玉が落ちな
  い．

準備物

- ティッシュペーパー
- 割り箸（人数分）
- 梱包用ビニール紐
- 輪ゴム，テープ
- カラーテープ

注意

- 上肢手指に疾患のある人は医療リハビリ職に相談．
- 座位不安定の人は転落に注意．

主婦が長年守ってきた「家」．掃除は毎日おこなってきたこ
とでしょう．昔をなつかしみながらほうきを動かし，ゲーム
を楽しみます．

期待される効果

- 上肢の運動を促す
- 手首の運動を促す
- 手と目の協調
- 座位バランスの向上
- 競って高揚感を得る

時間：10分
場所：テーブル
人数：4人×数グループ
隊形：テーブル2対2対面

進行

1. 参加者はテーブルで対面に座る.
2. ヨーイドンで割り箸のほうきを使いティッシュ玉をセンターラインの向こうへ追いやる.
3. 1分経ったら終了. ティッシュ玉が少ないチームの勝ち.
4. 3回繰り返し, 多く勝った方の勝ち.

梱包用のビニールの
ひもをさいて輪ゴムで
巻く

わりばし

椅子の背もたれ
（玉が落ちない）

カラーテープで
センターライン

バリエーション

・道具は使わず, 口で「ふーっ」と吹いてティッシュ玉を追いやる.

買い物すごろく

認知症の人への配慮：買い物の楽しさを感じる

導入例

今日は皆さんで買い物ゲームをします．皆さんはお気に入りのスーパーやデパートがありましたか？　魚やお肉が新鮮なのはどのスーパーでしたか？　よそゆき着はどこで買いましたか？（数人に聞いてみる）

事前の準備

- ひもでつなげた A4 の大きさのカードを渦巻きの形に置く（フロアの形に合わせる）．
- 参加者は色分けしたチームに分かれる．
- おもちゃのお金 10 万円（1 万円札×8 と 1000 円×20 枚）を各チームに渡す．

準備物

- クリアファイルに A4 用紙を入れ買い物の品名を書いたもの（24 枚）
- 梱包用ビニールひも
- ペットボトル（チーム数分，赤青黄などの駒にする）
- サイコロ（20 cm 以上の物）
- 商品のイラストや写真

商品やイラストや写真

進行

1. 渦巻きすごろくのスタートにチーム色の駒を置き，ジャンケンでサイコロを振る順番を決める．
2. 勝ったチームから時計回りでサイコロを振る．チーム色の駒（ペットボトル）をサイコロの目の数だけ進め，止まった目の商品を買う．あるいはもらえる時はもらう．払う時は払う．

期待される効果

- 上肢の運動を促す
- 計算力の向上
- 物の名前の想起

時間：15〜20分
場所：フロア
人数：6人〜20人
隊形：円座

3. 最初にぴったりゴールに到着したチームの勝ち．ぴったり止まらなければ戻る．

4. 最下位が決まるまで行う．

5. ゲームが終われば，お金がいくら残っているか聞き，一番たくさん持っていた人が「大富豪」に認定される．

女性は特に買い物が好きだった方が多いです．お金を支払い買い物をする楽しみを思い出してみましょう．お金の計算が難しい人は職員が手伝いましょう．

選ぶ

冬のボーナス

認知症の人への配慮：昔の仕事を思い出す，選ぶ楽しさを感じる，ユーモアを感じる，
偶然性を楽しむ

導入例

皆さん，今日は皆さんに「ボーナス」が出ます！（盛り上げる）　ボーナスのゲームを行いますが，このゲーム，運試しですから，「いいボーナス」と「そうでもないボーナス」，どちらが当たるかわかりません．お２人で箱を選んでボールを投げて頂きますが，どちらにいいボーナスが入っているか神のみぞ知っております．さあ，始めましょう！

事前の準備

- 参加者はＵ字型に座る．参加者の前に大き目のダンボール箱２つを並べ，段ボールの前にイスを２脚配置する．
- ホワイトボードを置く．
- ダンボールの中にボーナスの内容を書いたＡ3用紙を重ねておく．
- ボールを２つ準備する．

準備物

- ダンボール大２個
- イス２つ
- ボール２つ
- Ａ3用紙
- ホワイトボード

注意

- 上肢手指に疾患のある人は医療・リハビリ職に相談．
- 座位不安定な人は転落に注意．

進行

1. 参加者の２人が中央のイスに座り，ジャンケンをして勝った方がダンボールのどちらかにボールを投げ込む．
2. ジャンケンに負けた方もボールを投げ込む（同じ箱に投げても良い）．
3. 職員が，ダンボールの中からＡ3用紙を取り出し「Ａさんのボーナスです」と発

<table>
<tr><td colspan="3">期待される効果</td></tr>
<tr><td>・上肢の運動を促す
・手と目の協調
・座位バランスの向上
・選ぶ楽しさを感じる</td><td>・ユーモアを感じる</td></tr>
</table>

時間：10分〜20分	
場所：フロア	
人数：10人〜20人	
隊形：U字型	

表をする．別の箱に入れた場合は「Bさんのボーナスです」と負けた人のボーナスを発表する．

4. 同じ箱を選んだ場合は「お二人が選ばなかったボーナスです」と別のボーナスを発表する．

ふたを立ち上げ
後ろを補強して
立たせる

ダンボールを
つなぎ目に貼る

下に重ねておく

ボーナス例

項目	左の箱	右の箱
現金	100万円	100円
時計	腹時計	高級わに革時計
香水	シャネルの香水	安い香水
現金	3千円	3億円
自動車	リヤカー	ベンツ
旅行	ハワイ旅行	近所の公園
寿司	大間のマグロ	のりまき

認知症になると管理されることが多くなり，自分で「選ぶ」ことが少なくなります．
ゲームで二択のボーナスを選び，みんなで大笑いしましょう！

どっちが好き？

認知症の人への配慮：昔のことを思い出す，選ぶ楽しさを感じる，ユーモアを感じる

導入例

今日は，皆さんに「どちらが好きか」好きなものを聞くゲームを行います．例えば，最初は「朝食はパンがいいかご飯がいいか」ですが，私は毎朝，パンとコーヒーで朝食を済ませるので「パン」で手を挙げます．皆さんはどうですか？　「朝食はパンがいい」という方！　はい，〇名いました．Aさん，パンに飲み物は何が合うと思いますか？　「紅茶です」（「紅茶にミルクとお砂糖は入れますか？」など質問をしてみる．「砂糖をたっぷり入れます」など意外な返事が返ってくることも）

事前の準備

・2択のA3用紙を準備する（お題例は右頁）．
・参加者は教室スタイル，円座，どちらでも良い．

準備物

・2択のお題

注意

・2回挙手をしても「どちらもいい」ということでOKとする．
・意味が理解できない人には「犬が好きですか？」と1つずつ聞いてみる．
・手を挙げない人には「他に何か好きなものがあるか」と聞いてみる．

進行

1. 職員が前に出て，参加者の前に立つ．
2. 2枚の用紙を見せ，「どちらが好きか？」と質問をして手を挙げてもらうよう促す．
3. 数人に「どうしてそれを選んだか」と聞いてみる．他のものがいいと言った方には何がいいか聞く．また，選んだものにまつわる思い出話などをして頂く．
4. 繰り返す．

期待される効果

- 選ぶことで自分を表現
- 回想することによる自己肯定感
- 回想することによる情緒の安定
- 他者とのコミュニケーション

時間：10分

場所：フロア

人数：20人〜30人

隊形：教室スタイル

お題の例

朝食は？	パン	ご飯
味噌汁は？	豆腐	ジャガイモ
デザートは？	まんじゅう	ケーキ
あんこは？	つぶあん	こしあん
旅行は？	船の旅	空の旅
なりたいのは？	かぐや姫	シンデレラ
ペットは？	イヌ	ネコ
行楽は？	海	山
恋人にするなら？	年下	年上
生まれ変わったら？	女がいい	男がいい

朝食はパンがいいかご飯がいいか，こんな他愛のない質問ですが，理由を聞くとこだわりがあって，いろいろな利用者の方の素顔が見えます．

利用者さんは雑学先生

認知症の人への配慮：正解をすることで自己肯定感，思い出すことで知的好奇心を得る

導入例

皆さん，今日は頭の体操をします．脳は使わないとサビついてしまいますので，皆さんでいろいろなことを思い出しましょう．まず最初は「ことわざ」です．手前の円半分の方が先にお手玉袋を投げて頂きます．その後，こちらの円半分の方が「それに続く言葉」を選んでお手玉袋を投げます．正解の場合，2人共このカードがもらえます．忘れてしまった方もいるでしょうが，皆さん「思い出す」ことがとても大事なので，誰かに教えてもらって思い出しましょう．それでは始めます．

事前の準備

- 上の句と下の句を A3 用紙にマジックで書く．
- カラーテープでセンターラインを引く．
- 参加者は円座になる．
- ビーンズバッグを 2 つ作る（15 cm×10 cm くらいの布の袋に小豆を入れ，口を縫ったもの）．なければお手玉や空気の抜けたビーチボールでも良い．

準備物

- A3 用紙（上の句と下の句）
- カラーテープ
- ビーンズバッグ

注意

- 勝ち負けではなく「みんなで思い出す」ことを目的としたゲームであることを最初に伝える．
- わかった人がどんどん答えるのではなく順番で答えて頂く．
- 下の句は自分で選んで考えて答えるので脳トレになる．

期待される効果

- 記憶力向上
- 自己肯定感 UP
- 上肢の運動を促す
- 手と目の協調
- 座位バランスの向上
- 他者とのコミュニケーション

時間：20分
場所：フロア
人数：10人〜14人
隊形：円座

進行

1. ゲームの得意な人を下の句側に苦手な人を上の句側にする.
2. ゲームの苦手な人がことわざの上の句へビーンズバッグを投げる.
3. ゲームの得意な人が続きの下の句を探し, ビーンズバッグを投げる（触れれば OK とする）.
4. 正解したら2人ともカードがもらえる.
5. 引き続き, 2番めのペアがおこなう.

ゲームが
得意な人
↑
下の句

ゲームが
苦手な人
↑
上の句

バリエーション

歌手と楽曲名（上の句→下の句）

柔→美空ひばり, 嵐を呼ぶ男→石原裕次郎, 人生いろいろ→島倉千代子, 与作→北島三郎, 南国土佐を後にして→ペギー葉山, 星影のワルツ→千昌夫, 先生→森昌子等.

日本の名所と都道府県名

阿蘇山→熊本県, 成田山→千葉県, 出雲大社→島根県, 五稜郭→北海道, 厳島神社→広島県, 日光東照宮→栃木県, 湯布院温泉→大分県, 桜島→鹿児島県等.

認知症の記憶障害は短期記憶（エピソード記憶）→長期記憶→意味記憶→手続記憶の順に失われます. 学校などで繰り返しおぼえた知識（意味記憶）は認知症が進んでも忘れていないことが多いのです. 「わかること」をクイズにして「正解できた喜び」を引き出しましょう！

30

ヒントで納得！対義語クイズ

認知症の人への配慮：正解をすることで自己肯定感を得る，言葉を思い出す

導入例　皆さん，今日は対義語クイズを行います．勝ち負けでなく忘れてしまっても思い出すことに意義があります．それではみんなで一問考えてみましょう．「中央」の反対は何でしょう？　難しいですか？　真ん中の反対ですからその周りということになりますね．「しゅうへん」　正解！　周辺です！（1人目がビーンズバッグを投げゲームを開始）

事前の準備
- 対義語のお題（正解は裏側に書いておく）．
- ビーンズバッグ（「29　利用者さんは雑学先生」参照）．
- 参加者は円座になり，その中に大義のお題をランダムに置く．

準備物
- 対義語のお題（裏に答えを書いておく）
- ビーンズバッグ

注意
- わかるまでヒントを出す．わからなければ「こういう言葉があるんですねえ．勉強になりましたね」と次にゲームを進める．

進行

1. 参加者の1人がビーンズバッグを持ち，好きなカードに投げて乗せる．
2. 乗ったら答えを言う．わからない場合はみんなで考える．みんなもわからなければ，職員がヒントを出す．
3. 正解すればそのカードをもらえる．次の人が挑戦をする．

| 期待される効果 | | 時間：20分 |

期待される効果

- 記憶力向上
- 自己肯定感 UP
- 上肢の運動を促す
- 手と目の協調
- 座位バランスの向上

時間：20分
場所：フロア
人数：10人〜20人
隊形：円座

対義語のお題例（表と裏）

　上⇔下，赤字⇔黒字，安全⇔危険，進む⇔退く，悪評⇔好評，軽蔑⇔尊敬，洋風⇔和風，永遠⇔瞬間，過失⇔故意，辛口⇔甘口，架空⇔実在，解雇⇔採用，延長⇔短縮，開始⇔終了，中央⇔周辺，拡大⇔縮小，右⇔左，原則⇔例外，許可⇔禁止，等.

四文字熟語のお題例（表と裏）

　一石＋二鳥，弱肉＋強食，風林＋火山，大器＋晩成，温故＋知新，四面＋楚歌，一期＋一会，試行＋錯誤，本末＋転倒，言語＋道断，因果＋応報，順風＋満帆，等.

スペースのない時
職員が手にもって
クイズにしても良い

バリエーション

・歴史上の人物（徳川＋家康など）で行う.

言葉の意味を思い出すことは脳の活性化に役立ちます．クイズの答えを求めるだけでなく，辛口と甘口であれば「日本酒は辛口と甘口どちらが好き？」と聞いてみるのも楽しいですョ！

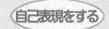

サイコロタイムマシン

認知症の人への配慮：自己表現をすることで輝いていた時代を思い出し自己肯定感を得る，偶然性を楽しむ

導入例

皆さん，こんにちは，今日はこの「タイムマシン・サイコロ」を使って昔の自分を思い出してみましょう．では最初に私がやってみますね（2回蹴る）．「13才～25才」「好きだった人」になりました．「私は中学生の時，理科の先生がとても好きでした．陸上部の顧問だったので足が遅いのに陸上部に入りました．白衣が似合う新卒の先生で，将来結婚したいと思いましたが夢はかないませんでした．でも今でもとてもいい思い出です」こんな感じです．それでは始めましょう．

事前の準備

・ダンボールでサイコロを2つ作る（20 cm四方）．中は新聞紙を詰める．
サイコロの内容例：
①タイムマシン・サイコロ
0才～12才，13才～25才，26才～40歳，41才～60才，61才～現在
②大好き！サイコロ
好きだった人（芸能人でも良い），好んで食べた物，遊んだスポーツや趣味，想い出に残っていること，頑張ったなと思うこと，行って良かった場所

準備物

・ダンボールで作ったサイコロ2つ

注意

・上肢手指に疾患のある人は医療・リハビリ職に相談．
・座位不安定な人は転落に注意．

 ボクも昔は子猫だったニャー

期待される効果

- 記憶力向上
- 自己肯定感 UP
- 回想による情緒の安定
- 他者とコミュニケーショ
- ンを取る
- 下肢の運動を促す
- 足と目の協調
- 座位バランスの向上

時間：20 分
場所：フロア
人数：6 人～10 人
隊形：円座

進行

1. 参加者は円座になる．進行役はゲームの説明を行い，実際に思い出話をして手本を示す．
2. 参加者の 1 人がサイコロを 2 つ蹴飛ばして，話す内容を決める．
3. 2 分以内で話して頂く．
4. 他の人に感想を聞く．
5. 次の人がサイコロを蹴る．

タイムマシン
サイコロ

・0～5 歳
・6～12 歳
・13～25 歳
・26～40 歳
・41～60 歳
・61～現在

大好き！
サイコロ

・好きだった人（芸能人 OK）
・好きな食べ物
・遊んだスポーツや趣味
・思い出に残っていること
・頑張ったなと思うこと
・行ってよかった場所

	人	
	食べ物	
場所	スポーツ趣味	頑張った
	思い出	

認知機能の低下で会話が困難な人は，人生歴から楽しかった思い出をあらかじめ調べ，なじみの深いキーワード（子供の名前）を出し，YES NO で答えられる質問にしましょう．

そーっと転がして

認知症の人への配慮：認知機能，身体機能低下があっても勝つ可能性があり，自己肯定感
を得やすい

導入例

皆さん，今日は缶ころがしのゲームを行います．このゲーム，力が強けれ
ば勝てるゲームではありません．むしろそーっと弱い力で転がした方が勝
てるゲームですよ．まず私が挑戦をしてみましょう．このようにうちわで
缶をあおいで…．はい．私はここで止めます．テープで印をつけますね．
次に職員のAさんに缶を転がしてもらいましょう．さあ私より遠くへ転
がせるでしょうか？

事前の準備

手で行う
- テーブルの両サイドに新聞紙棒を貼り付ける．
- 空き缶とうちわを準備する．

足で行う
- 床にカラーテープで線を5本引く．
- A3用紙に10，50，ドボン，100，0の数字を書きカラー線の間
に置く．
- 空き缶を準備する．

準備物
- 新聞紙棒4本
- 空き缶2本
- うちわ
- A3用紙（点数を書く）
- カラーテープ

注意
- 上肢，下肢に疾患のある人は医療・リ
ハビリ職に相談．
- 座位不安定の人は転落に注意．
- ドボンを拒否する場合は，職員と一緒
に動物の鳴きまねをしましょう

麻痺があり重度の認知症の方が弱々しく缶を転がしたとこ
ろ，優勝したことがありました．あのとき，感激の涙を流し
た利用者さんのことが忘れられません．

期待される効果		時間：10分ずつ

期待される効果

手で行う	足で行う
・上肢の運動を促す	・下肢の運動を促す
・手と目の協調	・足と目の協調
・座位バランスの向上	・座位バランスの向上

時間：10分ずつ
場所：フロア
人数：2人ずつ
隊形：テーブルとフロア

進行

手で行う

1. 参加者はテーブルの周りに集合.
2. 進行役がテーブルの上に缶を置きうちわであおいで缶をテーブルの端まで転がす手本を示す.
3. 参加者2名がテーブル前に座りヨーイドンで缶をうちわであおぎテーブルの端まで転がす.
4. 「ここでいいです」と止めたところにテープを貼る. 落ちないように遠くで留めた人の勝ち（2分以内で納得のいくところに印をつける. 最も遠かったところが記録となる）.

新聞紙棒

あらく落ちたーー！

バリエーション

・手で転がす, ピンポン玉を口で吹いて行う.

足で行う

1. 参加者2名は点数の紙を前に座り, 空き缶を5回, 足裏で蹴飛ばす.
2. 5回の合計点で勝敗を決める. ドボンは0点となり動物の物まねをする.

商品はいくら？

認知症の人への配慮：適当に言った人が勝つ場合がある，馴染みのあるちらしを見る

導入例

皆さん，今日は「適当に言って当たっちゃうゲーム，商品はいくら？」を行います．皆さんの主婦時代あるいは買い物をした時の勘を取り戻し，商品の値段をグループで考えて頂きます．それではちらしを配りますね．このじゃがいも，一体いくらでしょう？　500円はしません．最後（下2桁）は98円です（最後にホワイトボードに正解の紙を貼る）．答えは298円でしたー！

事前の準備

- ちらしの値段を一部マジックなどで消したものをコピーする（スーパーの野菜やお肉や魚，衣料コーナーのワンピースやズボン，建売住宅やマンションや車の値段など）．

準備物

- 一部値段を消したちらしのコピー
- 参加者に紙と鉛筆
- ホワイトボード
- 正解を書いた紙

注意

- ヒントとして「100円以上1000円以内」など伝える．
- 端数を言うようにする（例えば最後が98円など）．

一度，建売住宅の値段当てゲームの後に男性利用者さんが「先ほどの物件を買いたい」と言ってきたことがありました．それからゲームの前には「これはゲームです．私は不動産屋じゃありませんョ」と話すようにしています (^^).

期待される効果

・主婦の頃の金銭感覚を思い出す
・他者とコミュニケーションを取る
・買い物の楽しさを思い出す

時間：15分
場所：フロアテーブル
人数：4人×数グループ
隊形：テーブル対抗

進行

・スーパーのちらしの商品（ジャガイモなど）の値段を一部消したもののコピーをグループに配る.

・みんなで値段を考える（衣類や雑貨など, 男性は自動車や分譲住宅の値段を当てるのも楽しいです）.

・ホワイトボードに各グループが言った値段を書き, 答えを発表する. 一番近かったグループの勝ち！

バリエーション

・本のページ数（開かないよう回して手に持って頂く）をグループで考えてもらう.

・すいかなど本物を膝に置いて頂き（落とさないよう職員がつく）, 重さを考えて頂く.

・重さや長さなど日用品を手に持って頂き予測して頂くのも良い.

誰が勝つかわからない

3人サイコロ

認知症の人への配慮：適当に転がして勝つ場合がある，常に勝つ人を作らない

導入例

皆さん，今日はサイコロで運試しをします．3人でグループになります．その3人が出したサイコロの合計が多い方の勝ちです．サイコロだから誰が勝つかわかりませんよね．さあ皆さん頑張って下さい！

事前の
準備

・サイコロを3つ用意する．

準備物

・サイコロ3つ（できれば15cm以上のもの）

注　意

・上肢手指に疾患のある人は医療・リハビリ職に相談．
・座位不安定な人は転落に注意．

連番やゾロ目は出にくいですが，もし，そろえばとても盛り上がります．拍手や歓声で沸き立ちますョ！

期待される効果

- 偶然性を楽しむ
- 計算力を UP

時間：20分
場所：フロア
人数：12人くらい
隊形：円座

進行

1. 参加者は円座になる.
2. 参加者は3人でトリオを作る.
3. 最初の3人に1人1つずつサイコロを持って頂く.
4. 1人ずつサイコロを床に投げて頂く.

1巡目

足した合計が多いチームが勝ち.

2巡目

同じように合計の数が得点となるが, もし「連番」が出たら＋50点となる. 連番は, 「5, 6, 1」「6, 1, 2」も連番となる.

3巡目

同じように合計の数が得点となるが, もし「ゾロ目」（1, 1, 1や3, 3, 3など）が出たら＋100点となる.

我が町自慢

認知症の人への配慮：住み慣れた町を思い出す，常に勝つ人を作らない

 皆さん，こんにちは．うちの施設は〇〇町にありますが，皆さんはいろいろな街からいらっしゃっていますよね．今日はうちの市にある町名を下に置きましたが，「そこにあったもの」を思い出して頂くゲームです．引っ越ししてきて間もない人もいらっしゃると思います．そういう方は，この市に何があるか何があったか勉強になりますね．それでは始めましょう．

事前の準備

- あらかじめ，職員が自分の住んでいる町と重要な施設や観光名所を調べておく．
- 町名を書いた A3 用紙を準備する．

準備物

- 町名を書いた A3 用紙
- 少し空気を抜いたビーチボール

注意

- 上肢手指に疾病のある人は医療・リハビリ職に相談．
- 座位不安定の人は転落に注意．
- 転居してきた人が多い場合は県名で行う．

 遠方から引っ越してきた方もいるかもしれません．その場合，「この町を案内する」という形で進めると楽しいでしょう．

期待される効果

・記憶力向上
・他者とコミュニケーションを取る
・住み慣れた町を回想することで情緒安定を図る

時間：20分
場所：フロア
人数：6人～20人
隊形：円座

進行

1. 参加者は円座になる.
2. 円座の真ん中に町名を書いたA3用紙をランダムに置く.
3. 参加者の1人に少し空気の抜けたビーチボールを投げて好きな町名に乗せてもらう.
4. ボールが乗った町にある（あった）建物，施設，お店なんでもいいので思い出したものを言って頂く.
5. 出てこなければみんなで思い出す. ヒントも出す.
6. 正解すれば町名をもらえる. 次の人が挑戦する.

空気の抜けた
ビーチボール

警察署がある
小学校がある
大型スーパーがある
動物園がある
桜の名所
市場がある
歌手の○○の
生誕地
公園がある

バリエーション

・軽度認知症の人が多い場合，地元の駅名の最初の1文字（漢字）を書き，駅名を当てるゲームを行う.

例：横→横須賀，横浜　　泉→泉岳寺　　三→三浦海岸，三崎口，など.

36

調味料ふた閉め

認知症の人への配慮：使い慣れた調味料に触れる，競う楽しさを感じる

導入例

皆さん，お料理はお好きでしたか？（好きだった方に挙手して頂く） どんなお料理がお得意でしたか？ 男のお子さんがいた方はご飯を5合炊いても間に合わない方もいませんでしたか？ 今日はお料理に欠かせない調味料のふたを閉めるゲームです．調味料に見本図の通りにふたをして下さいね．それでは始めます．

事前の準備

- 参加者はテーブルにつく．
- 箱のふたに入った9本のペットボトル（キャップ無し）を4人分準備して，参加者の前に置く．

準備物

- 見本図（ホワイトボードに貼る）
- 箱にペットボトル3×3で並べ，底を箱に貼り付けたものを4個
- ペットボトルのふた（赤，青，黄色のシールを貼る）
- 各色9個ずつ（4人の時は36個）
- 人数分揃えると同時に遊べる

注意

- 上肢手指に疾患のある人は医療・リハビリ職に相談．

進行

1. 赤，青，黄色のキャップを9個ずつ渡し，「右頁の見本図」のようにキャップを締めるように説明する（手本を示す）．
4. ヨーイドンでホワイトボードに貼った見本図を見ながらそれと同じようにキャップを締める．

期待される効果

- 上肢，手指の運動を促す
- 記憶力向上
- 注意機能向上
- 色の判別
- 競って高揚感を得る

時間：10分
場所：フロアテーブル
人数：4人×数グループ
隊形：4人対抗

5. 最初に完成した方の勝ち．確認として最後に箱をひっくり返してみる．ふたが落ちなければ完成．

6. 次のグループが行う．

指を使うことで脳の活性化にも役立ちますョ！

赤いフタ　青いフタ　黄色いフタ

しょうゆ　ソース　酢

見本図

赤 赤 赤
赤 赤 赤　易
赤 赤 赤

赤 赤 赤
青 青 青
黄 黄 黄

赤 青 黄
赤 青 黄
赤 青 黄

赤 青 黄
黄 赤 青　難
青 黄 赤

バリエーション

・見本図を何種類か変えて，何通りか行う．

37

いい飴玉，悪い飴玉

認知症の人への配慮：昔懐かしい飴玉を思い出す，競う楽しさを感じる

導入例

皆さん，子どもの頃，よく飴玉をなめませんでしたか？　お祭りだと，りんご飴やあんず飴，飴細工で，鶴を作る職人さんもいましたね．駄菓子屋だと，べっ甲飴，きなこ棒，ひものついた飴も売ってました．懐かしいですね．皆さんはどんな飴がお好きでしたか？（聞いてみる）

今日は飴を題材にしたゲームです．こちらの2人は飴職人になって，白くていい飴と，黒くて悪い飴を手で滑らせて向かいの工場に送ります．こちらの2人は，白い飴を白い箱に，黒い飴を黒い箱に入れて下さい．さあ，どちらが先に飴を分けて入れることができるでしょうか！

事前の準備

- いい飴玉用，悪い飴玉用（白と黒）の箱を2つずつ用意する（計4個）．
- ペットボトルのキャップを2つ合わせて貼ってつくった飴を白10個，黒10個用意する．
- 参加者はテーブルで2組，向かい合って座る．
- 進行役がキャップをテーブルで転がして手本を示す．

注意

- 上肢手指に疾患のある人は医療・リハビリ職に相談．
- 座位不安定な人は転落に注意．

「いきまーす」「ハーイ」などと大声を出すことは口腔機能維持向上にもつながります．色を判別して分け入れることも脳の活性化につながりますョ！

期待される効果

送り手
・上肢手指の運動を促す
・手と目の協調
・集中力，敏捷性 UP
・座位バランスの向上
・声を出す

受け手
・上肢手指の運動を促す
・手と目の協調
・座位バランスの向上
・色の判別をする
・注意力の向上

時間：10 分

場所：テーブル

人数：2 人×数テーブル

隊形：テーブル対抗

進行

1. 参加者は 2 テーブルで，向い合って座る.
2. 送り手はヨーイドンでランダムにキャップを滑らせて受け手に渡す.
3. 受け手は黒いキャップを黒い箱へ，白いキャップを白い箱へ入れる.
4. 最初に 20 個，正確に分けて箱に入れた方の勝ち.
5. 役割を交代する.

バリエーション

・指ではじいて行う.

共同作業がたのしいニャー

家計簿母さん

認知症の人への配慮：昔，家計簿をつけたことを思い出す，競う楽しさを感じる

導入例

皆さん，こんにちは．サラリーマン家庭だった方は，1ヶ月のお父さんのお給料でやりくりをして頭を悩ませたことがありませんか？

今日は，皆さんで指を使ってお金を封筒に入れるゲームを行います．封筒は家で使う金額で分けるようにしています．ヨーイドンで封筒に正しくお金を入れて下さい．

事前の準備

- 封筒に「食費，電気代，ガス代，水道代，粉ミルク代，住宅ローン代」と書き，各グループに」配る．
- おもちゃの偽札をコピーする．各テーブルに1万円札5枚，5000円札12枚，1000円札30枚，ペットボトルのふた（マジックで値段を書く）100円を20個．
- ホワイトボードに，15万円くらいで食費，電気代，ガス代，水道代，粉ミルク代，住宅ローンなどの項目を書き，内訳も記入する．

準備物

- 封筒
- おもちゃのお札
- ペットボトルのふた
- ホワイトボード

注意

- お金を入れるのが難しい方は，金額を決める担当を担って頂く．
- お札をめくるのに指をなめてしまう方には，濡れタオルおしぼりを用意しましょう．

期待される効果

- 計算力の向上
- 他者とコミュニケーションを取る
- 昔を回想して情緒安定

時間：20分
場所：テーブル
人数：4人×数テーブル
隊形：テーブル対抗

進行

1. 参加者はテーブルにつく．4人1グループで行う．
2. ヨーイドンで，用途の書かれた封筒の中にホワイトボード通りにお金を入れる（あらかじめ封筒に金額を書いておく）．
3. 最初に全部入れ終わったチームの勝ち．
4. その後，正確にお金が入っているか，隣のチームと交換して数える．

バリエーション

・新しい封筒を用意し，自分たちで食費や光熱費などを考え，その金額を封筒に入れる（その後交換して確かめる）．

意外とお金を使うゲームは利用者さんに喜ばれます．
お札を数えるときなど満面の笑みです．

39

石焼きイモ～焼きイモッ！

認知症の人への配慮：昔の生活を回想する，競う楽しさを感じる

今日は皆さん，焼きイモを袋に詰めるゲームを行います．昔はよく石焼きイモ屋さんが来ましたよねー．「石焼きイモ～焼きイモッ！」って，車でやってきましたよね．ちょっと待って～なんて車を追いかけたものです．

さて，皆さんの前にはおいしそうな焼きイモがたくさんあります．

これを新聞紙袋に詰めて下さい．破らないよう気を付けて下さいね．

事前の 準備

・新聞紙でイモと袋を作っておく．

準備物

・焼きイモ40本（新聞紙をA4サイズくらいに切ったものをイモの形に整え，茶色の折り紙でくるんでテープでとめる）．
・イモの袋10個ほど（A4サイズのコピー用紙を半分に折って袋状にしたもの）

注 意

・上肢手指に疾患のある人は医療・リハビリ職に相談．

進行

1. テーブルに参加者が2人対2人で席について向い合う．テーブルの上には1人の前にイモを20本，1人の前に袋を置く．

2. ヨーイドンで2人が協力して袋にイモを詰める．袋が破れたら最初からやり直し（新しい袋を渡す）．

3. 2分経って，袋にイモがたくさん入っているチームの勝ち（袋から1，2，と数えながら引き出す）．

期待される効果	時間：10分

期待される効果
- 手指の巧緻性向上
- 握力の向上
- 他者とチームワークを取る
- 上肢の運動を促す

時間：10分
場所：フロアテーブル
人数：4人×数テーブル
隊形：2人ペア

4. 役割を交代する.
5. 他のグループも行う.

熱くなってイモを入れすぎると袋が破れ，そこが面白いのですが，中には怒ってしまう人もいるかもしれません．もう一度がんばりましょうと励まし，一緒に行いましょう！

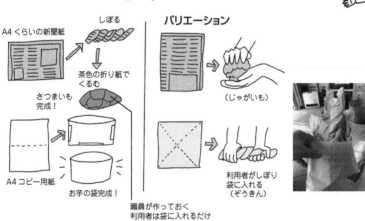

A4くらいの新聞紙　しぼる
茶色の折り紙でくるむ
さつまいも完成！
A4コピー用紙
お芋の袋完成！
職員が作っておく
利用者は袋に入れるだけ

バリエーション
（じゃがいも）
利用者がしぼり袋に入れる（ぞうきん）

バリエーション

・新聞紙（A4サイズくらい）を重ねてテーブルに置き，ヨーイドンで1人がそれを丸めて，1人が袋に詰めてジャガイモ詰め競争を行う.
・新聞紙（A4サイズくらい）を重ねてテーブルに置き，ヨーイドンで1人がそれを絞って，1人が袋に詰めていく雑巾詰め競争も楽しいです.

上肢

ティッシュ箱卓球

認知症の人への配慮：簡単でわかりやすい，競う楽しさを感じる

導入例
皆さん，こんにちは．今日は卓球を楽しみましょう．このティッシュ箱の中に手を入れてラケットの代わりにします．まず練習から始めましょう．

事前の準備
- ティッシュ箱をテーブルに準備する．
- 全員にボールが行きわたるように（特定の人だけで打ち合わないよう）職員が数人，間に入る．

準備物
- ティッシュ箱人数分
- 柔らかいテニスボール大のゴムボール

旅館で家族とやった卓球を思い出すニャー

注意
- 上肢手指に疾患のある人は医療・リハビリ職に相談．
- 座位不安定な人は転落に注意．

とても盛り上がります．興奮して熱くなりすぎる人がいますので，「10回続いたら休憩，少しおしゃべりをして再開する」など，工夫しましょう．

期待される効果

- 上肢の運動を促す
- 手と目の協調
- 座位バランスの向上
- チームワーク

- 競うことで高揚感を感じる

時間：15分

場所：フロアテーブル

人数：6人～8人

隊形：テーブル内対抗

進行

1. 参加者はテーブルを囲んで座る.
2. 参加者は利き手にティッシュ箱を入れて，ティッシュ箱をラケット代わりに，小さい柔らかいゴムボールを打つ.
3. 50回，ラリーを続けられたら拍手.

手を差し込む

参加者と参加者の間から，すぐボールが落ちてしまうようなら，間にイスを入れて，イスの背でボールが止まるようにしましょう.

バリエーション

1. テーブルにテープで中心線を引き，赤チームと青チームに分かれる.
2. 相手の陣地でボールが落ちたら，1点の得点となる.
3. 先に3点入ったチームの勝ち.

紙コップ崩し

認知症の人への配慮：簡単でわかりやすい，競う楽しさを感じる

導入例

皆さん，こんにちは．今日はストレス発散のゲームをしますよ．ここに紙コップが 15 個あります．できるだけ高く積み上げた人の勝ちです．
（ゲームを行う）
次は対面の人が空き缶を転がして紙コップを倒しましょう．

事前の準備

・紙コップを 1 人 15 個用意する．
・空き缶を 4 個用意する．

準備物

・紙コップ 1 人 15 個×4 人（紙コップは余分に準備）
・空き缶 4 本

注意

・上肢手指に疾患のある人は医療・リハビリ職に相談．
・座位不安定な人は転落に注意．

崩されるのを嫌がる方がいる場合は，隣に同じタワーを職員が作り，隣のタワーを倒して頂くようにします．

期待される効果		時間：15分

期待される効果

- 上肢の運動を促す
- 手と目の協調
- 手指の巧緻性向上
- 集中力向上
- ストレス発散

時間：15分
場所：フロアテーブル
人数：6人～8人
隊形：テーブル向い合わせ

進行

1. テーブルで4人対4人で行う.
2. 紙コップ15個を3分でできるだけ高く積み上げる（上手にできない方は職員が手伝う）.
3. 3分経ったら終了. 一番高く積んだ人を発表する.
4. 対面の4人が空き缶を転がし，紙コップタワーを倒す.

第四章　テーブルゲーム

41. 紙コップ崩し

赤チーム

白チーム

バリエーション

・倒してはいけない紙コップ（赤い色紙を貼る）を一番下の段に入れて積み上げ，対面は赤を倒さないようにボーリングで倒す.

42

宝石箱へ宝石を

認知症の人への配慮：美しい宝石を視覚で楽しむ，競う楽しさを感じる

導入例

皆さん，宝石はお好きですか？（どんな宝石が好きか聞いてみる）
ダイヤモンドや真珠，エメラルド．輝く宝石は素敵ですよねェ．
今日はこの宝石を口でふーっと吹いて，真ん中にある宝石箱（タオル）の
上に乗せて下さい．
さあ，どなたが一番宝石を乗せることができるでしょうか．

事前の準備

- テーブルの中央にタオルを敷き，ガムテープで貼る．
- セロファン玉を赤，青，黄，緑４色それぞれ５個ずつ作り，参加者
の前に置く．

準備物

- セロファンを2cm大に丸めたもの（赤，青，黄，緑）をそれぞれ5個ずつ
- タオル
- ガムテープ（養生テープ）

注意

- 呼吸器に疾病がある人は医療・リハビリ職に相談．

麻痺などで口を閉じることができないと，よだれが垂れたり，
上手に息を吹くことができなくなります．口がきちんと閉じ
ているか注意して見ましょう．
息がうまく吹けない人はストローを渡し，ストローで一点に
吹きかけて宝石を運んでいただきましょう．

期待される効果

・口腔機能の向上
・競うことで高揚感を得る

時間：10分
場所：フロア
人数：4人
隊形：フロアテーブル

進行

1. 参加者はテーブルにつく.
2. ヨーイドンでセロファン玉を吹いてタオルの上に乗せる.
3. 一番最初に5個全てをタオルの上（宝石箱）に乗せた人の勝ち

緑のセロファン

赤のセロファンを
丸めて直径2cmに
したもの

青のセロファン

黄色のセロファン

バリエーション

・セロファン玉でなくピンポン玉で行う.

43

吹いてあいうえお

認知症の人への配慮：楽しくコミュニケーションを取る，言葉を思い出す

導入例 今日は頭の体操です．年を取るとどんどん言葉が出てこなくなってきますよね．言葉を思い出すことは脳の活性化に役立ちます．今日は皆さんで言葉を思い出してみましょう（ルールを説明する）.

事前の準備
- トイレットペーパーの芯を 1/3 に切ったものを四角く折り，「1，2，3，4」の数字を書いて「4までサイコロ」をつくる（右頁参照）.
- A2 用紙に五十音表を書き，テーブルに置く.

準備物
- トイレットペーパーの芯
- あいうえお表（A2 サイズ）

注 意
- 呼吸器系に疾患のある人は医療・リハビリ職に相談.
- 勝敗ではなく，みんなで言葉を思い出すことを目的とすることを最初に説明する.

認知症になると言葉が出てこなくなります．出てこなくなることを悲観するのではなく，みんなで思い出せば良いのです．例えば「うめぼし」の場合，『「う」から始まる 4 文字の赤くて丸くてすっぱくて，おにぎりの中に入れるもの』のようにほとんど答えに近いヒントを出します.

期待される効果

・言葉の想起を促す
・口腔機能の向上
・他者とコミュニケーションを取る

時間：10 分
場所：フロアテーブル
人数：6 人〜12 人
隊形：テーブル内対抗

進行

1. 参加者はテーブルにつく．
2. 参加者の 1 人が，「4 までサイコロ」を口で吹く．
3. テーブル上のあいうえお表のどこかに止まったら，「その文字から始まる言葉」をサイコロの目の数だけ言う（出てこなければ全員で考える）．全て出したらみんなで拍手！
4. 次の人が「4 までサイコロ」を吹いて言葉を出す．

トイレットペーパー芯
の 1/3 を切り，
折り目を付けて
1，2，3，4 の数字を
書いてサイコロにする

A2 の大きさ
（A3 の 2 枚分）

バリエーション

・6 cm ほどのサイコロを手で転がし，サイコロの目の字数の言葉を 1 つ言う．

44

手指

文字並び替え

認知症の人への配慮：楽しくコミュニケーションを取る，言葉を思い出す

導入例
皆さん，今日は指先を使ったゲームを行います．ビニール袋に入っている紙を伸ばすとある文字が書かれています．その文字を並べ替えると言葉になります．その言葉がわかったグループは手を挙げて下さい．

事前の準備
- 4文字の言葉をA4の紙に1文字ずつ書いて，くちゃくちゃに丸め，ビニール袋に入れておく．ビニール袋はジャンケンで勝ったグループから順番に選んで頂き配布する．
- 4人グループをいくつかつくる．

準備物
- ビニール袋
- A4コピー用紙4枚×12枚

注意
- 上肢手指に疾患のある人は医療・リハビリ職に相談．

軽度認知症の方には「最近の時事ニュース」や「今年の10大ニュース」などを出題しても楽しいですョ！

期待される効果

- 手指の運動を促す
- 言葉の想起
- 脳の活性化

時間：15分
場所：フロアテーブル
人数：4人×数グループ
隊形：テーブル対抗

進行

1. ヨーイドンでビニール袋から丸めた紙を取り出し，1人1枚ずつ広げて書いてある文字を確認する．
2. 4人で相談して言葉を並び替え，「何の言葉」ができるか考え，答えて頂く．
3. 完成したら挙手して頂く．どのグループが一番先に挙手するかで勝敗を決める．
4. 文字の言葉（それぞれ別の言葉がグループに配布される）

    1回戦目（花）

    「すいせん」「あじさい」「すずらん」「なのはな」など

    2回戦目（動物）

    「ライオン」「シマウマ」「オオカミ」「コウモリ」など

    3回戦目（食べ物）

    「やきそば」「たこやき」「トンカツ」「のりまき」など

45

身体機能

新聞紙棒で体操をしよう

認知症の人への配慮：楽しく身体を動かす

導入例

今日は新聞紙棒で体操を行います．
歌を歌いながら体操をしますので，大きな声で歌って下さいね！

事前の 準備

- 新聞紙 1 日分を丸めて新聞紙棒をつくり，全員に配る．

準備物

- 新聞紙棒

注 意

- 上肢，下肢に疾患のある人は医療リハビリ職に相談．
- 座位不安定，重度麻痺のある人は転落に気を付ける．

進行

1. 数え歌を歌いながら新聞紙棒で体操．

   進行役は，参加者の前に立ち新聞紙を大きい筆に見立て，宙に向かって大きな数字を書きながら数え歌を歌う（その際，進行役は鏡文字を書く）．

   1 と書きながら「一番初めは一宮（いちのみや）」

   2 と書きながら「二は日光の東照宮」

   3 と書きながら「三は佐倉の惣五郎」

   4 と書きながら「四はまた信濃の善光寺」

   5 と書きながら「5 つは出雲（いずも）の大社（おおやしろ）」

   6 と書きながら「6 つ村々鎮守様（むらむらちんじゅさま）」

   7 と書きながら「7 つ成田の不動様」

   8 と書きながら「8 つ八幡（やわた）の八幡宮（はちまんぐう）」

期待される効果

- 上下肢の運動を促す
- 口腔機能向上
- 情緒の安定
- 同時処理能力の向上

9と書きながら「9つ高野の弘法さん」

10と書きながら「10で東京本願寺」

（歌詞は地域ごとに違うので，利用者さんに聞く）

2. 職員が前に出て，大きくひらがな「あいうえお」を一文字ずつ宙に向かって書く（利用者から見て正しい文字にするため鏡文字で書く）.

3. 新聞紙棒で船こぎ．船をこぎながら「ソーラン節」を歌う.

4. 新聞紙棒で肩たたき．新聞紙棒で，肩や背中，腕，足を叩きながら「肩たたき」の歌を歌う.「母さん，お肩を叩きましょう，たんとんたんとんたんとんとん…」

職員は鏡文字で

ヤーレンソーラン

野球の素振り

バリエーション

スポーツ選手

【剣道】　新聞紙棒を剣道の竹刀に見立てて，10回，数字を10まで数えながら頭上から振り下ろす.

【野球】　新聞紙棒を野球のバットに見立てて，10回数字を10まで数えながら素振りをする（左向きも行う）.

【テニス】　新聞紙棒をラケットに見立てて，10回素振りをする（左手でも行ってみる）.

お母さん

【ごますり】　大きなすり鉢があるイメージで新聞紙棒のすりこぎで胡麻をする.

【庭の掃除】　大きな竹ぼうきに見立てて庭の掃除をする（たき火を歌いながら）.

46

ラップ芯ドラマー

認知症の人への配慮：楽しく身体を動かす，音楽で情緒の安定を図る

今日は皆さんに棒を2本お渡しします．ちょっと肩を叩いてみましょうか．紙だからそんなに痛くありませんよ．気持ちがいいです．これで皆さんに「ドラマー」になって頂きます．太鼓を叩いて頂きます．
それでは始めましょう．

事前の準備

- ラップ芯を（人数×2）個．
- 参加者はテーブルにつく．

準備物

- ラップ芯（人数×2）個

注意

- うるさいと怒る人がいます．そういう方は散歩にお連れするなど音を出す場から離れて頂きます．
- 上肢に疾患のある人は医療・リハビリ職に相談．
- 座位不安定の人は転落に注意．

進行

1. ラップ芯ドラマー初級
   ラップ芯2本を両手に持ち，テーブルのふちを叩いて歌う．①桃太郎　②浦島太郎　③金太郎など．（1小節に4回表打ちで）
2. ラップ芯ドラマー中級
   歌は基本的に1小節に4回表打ちだが合いの手の部分はラップ芯どうしを叩く．
   ①茶摘み（夏も近付く八十八夜トントンの「トントン」の部分をラップ芯2本

期待される効果

- ストレス発散
- 上肢の運動を促す
- 同時処理能力の向上
- リズムを楽しむ

時間：15分
場所：フロアテーブル
人数：4人〜20人
隊形：テーブル上で

どうしで叩く. ②村祭り（どんどんひゃららの部分をラップ芯どうしで叩く）.

③炭坑節, 東京音頭など地元で馴染みの民謡を, 好きなように叩く.

3. ラップ芯ドラマー上級編

1番のみ. 特定の文字が出たらラップ芯どうしで叩く.

①春がきた, の歌の中の「た」で叩く.

②春よこい, の歌の中の「は」で叩く.

③七つの子, の歌の中の「か」で叩く.

④金太郎, の歌の中の「ま」で叩く.

⑤かかし, の歌の中の「か」で叩く.

⑥ウサギとカメ, の歌の中の「の」で叩く.

⑦おさるのかごや, の歌の中の「さ」で叩く.

1. 初級
   テーブルを
   2本のラップ芯で
   叩きながら歌う

2. 中級
   ラップ芯どうしを
   打ち合う
   （どんどんひゃらら〜
   などの部分）

3. 上級
   字を抜く部分だけ
   ラップ芯どうしで
   打ち合う

♪ 春がきた 春がきた どこにきた〜 ♫

認知症が進むと歌詞を忘れたり「歌うこと」自体ができなくなる人がいます.
それでも手拍子だけは忘れず, 歌に合わせてリズムを取ることのできる人がいます.
ただ叩くだけでも楽しいレクですョ！

47

歌の続きを当てよう

認知症の人への配慮：楽しく身体を動かす，音楽で情緒の安定を図る

導入例

今日は皆さんで，懐かしい歌を歌いましょう．
最初の出だしだけ言いますので，続きは皆さん，歌詞を思い出しながら歌って下さいね．ではいきます．

**事前の
準備**

・A3 用紙に歌（童謡，唱歌）の最初の 1 小節の歌詞を書いておく（裏に職員用に歌詞を全て書いておくと良い）．

準備物

・A3 の歌の出だしを書いた用紙

注 意

・歌い慣れた曲を選ぶこと．

進行

1. 参加者はフロアで円座，またはテーブル席でも可．
2. 進行役は前に出て，A3 用紙に書いた「歌の出だしの歌詞」を見せる．
3. 自然に「歌を続けて歌う」のを待つ．
4. 出てこない時はヒントを出す．
5. 全員で楽しく歌う．

簡単そうに見えて，実は後ろの歌詞を思い出さないといけない高度なゲームです．認知症で会話ができなくなっても，昔何度も何度も歌った歌は自然と口から出てくるようです．正解が出たら歌詞が全部書いてある模造紙をホワイトボードに貼ってもよいでしょう．

- 知っていることを聞くので正解しやすく自己肯定感向上
- 想起力向上
- 情緒の安定
- ストレス発散

時間：10分
場所：フロア
人数：20人
隊形：教室スタイル

A3 用紙に書く歌の歌詞例

①「ちょうちょ，ちょうちょ」（ちょうちょ）

②「春こうろうの花の宴」（荒城の月）

③「かきねのかきねの曲がり角」（たきび）

④「月の砂漠をはるばると」（月の砂漠）

⑤「秋の夕陽に」（もみじ）

⑥「夕焼けこやけの」（ひっかけ問題．「夕焼けこやけの赤とんぼ」と「夕焼けこやけで日が暮れて」と２つ答えがある）

⑦「赤い靴履いてた女の子」（赤い靴）

⑧「うさぎ追いしかの山」（ふるさと）

⑨「みかんの花が咲いている」（みかんの花咲く丘）

第五章　音楽，体操

47．歌の続きを当てよう

109

48

10曲歌うまで帰れま10

認知症の人への配慮：回想や音楽で情緒の安定を図る

導入例

今日は，皆さんで季節の歌を歌いましょう．
10曲歌わないと帰れま10！
では春の歌，どんな歌でも構いませんから出して下さい．

事前の準備

・春夏秋冬の歌を職員自身が知っておく（カンニングペーパーを作っておいても良い）．

準備物

・ホワイトボード
・歌詞カード（カンニングペーパー）

進行

1. 参加者はフロア，またはテーブルにつく．
2. 進行役は，参加者に，その季節の歌を10曲出すよう促す（季節が夏であれば夏の歌）．
3. ホワイトボードに歌った歌の題名を書いておく．
4. 歌が思い浮かばないようなら，ヒントを出す．
5. 10曲歌ったらみんなで拍手！

<table>
<tr><td>期待される効果
・記憶力向上（想起）
・情緒の安定
・見当識を促す</td><td>時間：20分
場所：フロア
人数：20人
隊形：教室スタイル</td></tr>
</table>

春の歌（童謡，唱歌）

　　春が来た，春よこい，早春賦，さくらさくら，荒城の月，めだかの学校，チューリップ，春の小川，せいくらべ，こいのぼり，花，朧月夜，蛍の光，仰げば尊し，など

夏の歌（童謡，唱歌）

　　夏はきぬ，雨降りお月さん，蛍，海，あめふり，われは海の子，椰子の実，海，かもめの水兵さん，たなばたさま，浜辺の歌，花火，など

秋の歌（童謡，唱歌）

　　まっかな秋，紅葉，月，どんぐりころころ，里の秋，虫のこえ，証城寺の狸ばやし，うさぎ，旅愁，のぎく，赤とんぼ，夕焼け小焼け，など

冬の歌（童謡，唱歌）

　　雪，ペチカ，たき火，冬景色，冬の夜，スキーの歌，雪山賛歌，ジングルベル，四季の歌，きよしこの夜，お正月，一月一日，浜千鳥，など

季節の歌を歌うことで季節を感じ，幼い頃の幸せな気持ちを思い出す人は多いです．また，歌いながら見当識を促すことにもつながります．歌詞を忘れた人のために他の職員が少し前に短く歌詞を言ってもよいでしょう．

置くだけコップ立て

認知症の人への配慮：玉を置くだけでコップにすとーんと気持ちよく入る

導入例

皆さん，こんにちは．今日は紙コップ立てを行います．ゴルフボールが紙コップに入って，すとーんと立つのはとても気持ちがいいですよ．それでは始めましょう．

事前の準備

- 紙コップを 2/3 の大きさにカットし，倒した状態で，底部分にテープを貼って厚紙にとめる．
- 紙コップを 5 個倒したものをテーブルの先に配置する．
- 筒とゴルフボールを準備しておく．

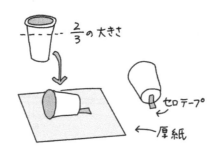

準備物

- 紙コップ（2/3 にカットしたもの）5 個
- 厚紙
- セロテープ
- 新聞紙棒（ボールが落ちないようにするため）
- 筒（模造紙の筒などを半分にカットしたもの）
- ゴルフボール 5 個

期待される効果

- 重度の方でもゲームを楽しめる
- 紙コップを立てた時の爽快感，達成感
- ストレス発散

時間：1人3分
場所：フロアテーブル
人数：1人ずつ行う
隊形：テーブルゲーム

進行

1. 重度の認知症や身体機能の低下が見られる方には，職員が筒を持ち，ゴルフボールを置いて頂く（角度や向きは職員が誘導する）.
2. ゴルフボールが勢いよく転がり，どこかのコップに入り，コップが立ちあがったら拍手をする.
3. ゴルフボールは5球. 5つコップが立つよう頑張りましょう.
4. 次の人と交代する.

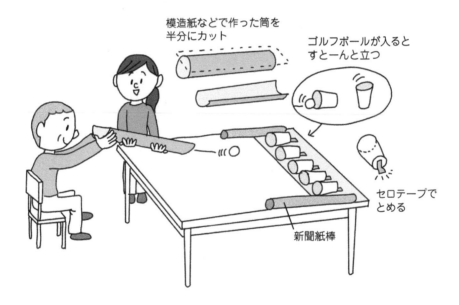

模造紙などで作った筒を
半分にカット

ゴルフボールが入ると
すとーんと立つ

セロテープで
とめる

新聞紙棒

ゴルフボールを置くだけで勢いよくボールが飛び出し，
コップがすとーんと立つので，麻痺があっても遊べます.
夏祭りのゲームにおすすめですョ！

50

誕生日にはお化粧を

認知症の人への配慮： おしゃれをすることで生活意欲を向上させる，選ぶ

導入例

こんにちは．今日は A さんの誕生日ですから，美しくなってお祝いをして頂きましょう．お好きな服も着ましょうね．

事前の準備

- 化粧水，コットン（ご本人の持ち物）
- 化粧品．ファンデーション，口紅，頬紅，アイブロー，マニキュアなど（肌に合わない可能性もあるのでご本人の持ち物を使う）

準備物

- 化粧水，コットン
- マニキュア
- 化粧品
- ハンドクリーム
- 洗面器とお湯
- タオル

化粧療法という言葉を聞いたことがありますか？
化粧や身だしなみを整えることによって
　①手や顔を動かすことで細やかな動作を行うことができる．
　②顔の筋肉を動かして表情をつくることができる．
　③顔色がよくなり，自信や意欲が生まれ，社会参加につながる．
という効果が得られます．
おしゃれをして人に会いたい，コミュニケーションを取りたいという意欲も生み出すのですネ！

期待される効果

- 化粧をされることでスキンシップ
- 自分がきれいになることで感じる幸福感
- 自分が大事にされているという満足感
- 色を選ぶことで自己表現をする

時間：10分
場所：居室
人数：1人
隊形：個人対応

進行

①手浴，手のお手入れ

1. 寝たきりの方に，手浴を行う.
2. お湯の中でハンドマッサージを行う.
3. ハンドクリームを塗り，マニキュアを塗る（色を選んでもらうと良い）.

①化粧の方法（自分でできない場合）

1. 顔や手の汚れを濡れたタオルで落とす.
2. パットを使い，化粧水で保湿する.
3. 顔や首元などのマッサージを行う（唾液腺を刺激し，唾液の分泌を向上させ，ご飯をおいしく感じさせます）.
4. 下地クリームを塗り，ファンデーションを上から塗ります.
5. チークで顔に赤みをさします.
6. 眉毛を描くと表情がキリッとします.
7. 口紅の色を選んで頂き，唇に塗ります.

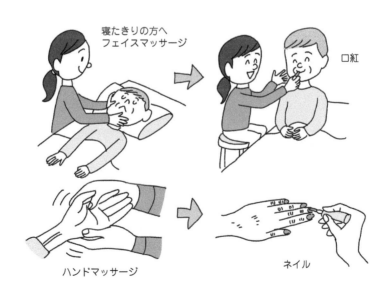

寝たきりの方へ
フェイスマッサージ

口紅

ハンドマッサージ

ネイル

51

重度

Sweet memory

認知症の人への配慮：家族の古い写真で想い出に触れる

事前の 準備

- ご家族から，一番本人がいきいきとしていたころの写真をお借りする.
- 旅行などいつ頃，誰とどこへ行ったのか話を聞いておく.
- ご家族から，ご本人が一番好きな音楽を聞く（音楽が嫌いな方もいるので注意）.

準備物

- 思い出の写真
- 好きな音楽（CD など）

（部屋に写真を貼ったり，思い出の品を飾り，来客とお話ができる環境が望ましい）

注 意

- 天気が良く散歩ができる日があれば，外の空気を感じることも気分転換になります. 暖かくして外でお話をするのも良いでしょう.

アメリカに短期留学したときに，アシステッド・リビングという高齢者施設を見学しました. 居室の前にガラス張りのサイドボードがあり，そこに，入居者が現役時代に授与された表彰状やトロフィー，写真，その方のつくった作品などが飾られていました.「その人の人生史」がサイドボードを見ればひと目でわかるようになっていました.
「話したい内容」が次から次へと浮かんできますよネ！

期待される効果

・大好きな家族の話や回想による情緒の安定
・好きな音楽を聞くことでリラックスできる

時間：10分
場所：居室
人数：1人
隊形：個別対応

進行

1. ご本人に少しお時間を頂けるか聞いて確認をする.

2. ご家族に写真を借りたことを話し，少しお話をして良いか確認をして，写真について質問をする.

3. お好きな音楽を流しても良いか聞いて，おしゃべりをより楽しい時間にする.

4. いつ頃の写真か，写っているのは誰か，どこへ行ったのか，何をしたのか，他にも昔の思い出話を聞いてみる.

5. 会話が難しいようであれば，ご家族に聞いた話を引用し，YES や NO（頷いたり，首を振ったりすることで表現をしてもらう）で会話を続ける. 写真を指さし「ご主人？」「北海道に行ったんですか？」など.

布あそびん

　認知症のある人が集中して遊べる「布あそびん」についてご紹介します.
　入居者の一部の方がテーブルの上を掃除するような仕草をしたり,布を縫っているかのような様子を何度も見ることがありました.
「何をしているのですか？」と聞くと「洋服を縫っているのよ」とのこと.昔は着物を自分で作ることも当たり前だったと聞きます.そこで布をお渡したところ,布を縫っているかのように集中して手指を動かし始めました.
　そこで作ったのがこの「布あそびん」です.1枚の布にフェルトのさまざまな仕掛け（三つ編みを行う部分,ボタンをつける部分,包帯を巻く部分など）を貼りつけたものです.春夏秋冬に合わせて,4種類作成しました.何度も反復して使えますので,一度作れば長い間使用できます.材料は全て100円均一のお店で揃えられます.ぜひ,みなさんも作ってみて下さい.

春

春の入学式

①女の子の三つ編みをする
②くつの中にある桜を木の
　ボタンにはめる
③ランドセルに包帯を巻い
　たものを入れる
④卵のひよこちゃんの尻尾
　にひもを巻く
⑤くつのひもをゆわく

完成図！

海水浴

①魚のお腹に包帯を巻いて
　入れる
②女の子の紙を三つ編みに
　する
③たこの足を三つ編みにす
　る

秋祭り

福笑い．右に見本があり，
左下（マジックテープでタ
オルについている）の，のっ
ぺらぼうに，目や鼻や口，
ほっぺを付ける．目隠しを
してもいいし，見ながらで
も良い

クリスマス

①布団に寝ている女の子を
　三つ編みをする
②女の子の布団の中に包帯
　を巻いたものを入れる
③プレゼントの赤い箱に赤
　いテープを巻いて差し込む
④雪だるまのお腹の中に包
　帯を巻いて入れる
⑤クリスマスツリーに飾り
　を付ける

※注意
・取り外しができるものは口に入れないよう職員がそばについて遊びましょう（夏バージョン
　は取り外すものがないので一人で遊べます）．
・春夏秋冬の回想話で子供の頃を思い出しながら行うのも情緒の安定につながります．

実用新案申請中

著者紹介

尾渡　順子（おわたり　じゅんこ）

医療法人中村会　介護老人保健施設あさひな
認知症介護レクリエーション実践研究会

介護福祉士，社会福祉士，介護支援専門員，認知症ケア上級
専門士，介護予防指導士，介護教員資格，認知症介護実践リー
ダー等を保持．介護職として働くかたわら，レクや認知症，
コミュニケーションに関する研修講師も務める．2018年4月
より現職．2014年，アメリカオレゴン州のポートランドコミュ
ニティカレッジにてアクティビティディレクター資格取得．
レクリエーションを通じ，多くの高齢者に「人と触れ合う喜
び」を伝え，介護従事者に「介護技術としてのレクリエーショ
ン援助」を広める一方，介護情報誌やメディアにおいて執筆
などを手掛けている．
著書「みんなで楽しめる高齢者の年中行事＆レクリエーショ
ン」（ナツメ社，2014），「楽しい！盛り上がる！レクリエーショ
ン大百科」（中央法規出版，おはよう21，2014年4月号増刊），「介
護現場で使えるコミュニケーション便利帖」（翔泳社，2014），
「介護で使える言葉がけシーン別実例250」（監修，つちや書店，
2017），「笑わせてなんぼのポジティブレクリエーション」（日
総研出版，2018）「もう悩まない！介護レク入門DVD」（BAB
ジャパン，2018）他，多数．

協力：作業療法士　櫻井利純

NDC369　125p　26cm

認知症の人もいっしょにできる高齢者レクリエーション
（にんちしょうのひともいっしょにできるこうれいしゃレクリエーション）

2020年10月23日　第1刷発行

著者	尾渡　順子（おわたり　じゅんこ）
発行者	渡瀬　昌彦
発行所	株式会社 講談社

〒112-8001　東京都文京区音羽2-12-21
　　販売　（03）5395-4415
　　業務　（03）5395-3615

編集	株式会社 講談社サイエンティフィク

代表　堀越　俊一
〒162-0825　東京都新宿区神楽坂2-14　ノービィビル
　　編集　（03）3235-3701

本文データ制作	株式会社 東国文化
カバー・表紙印刷	豊国印刷 株式会社
本文印刷・製本	株式会社 講談社